注滇澤於連然雙栢縣也榆水自澤又東北流滇池縣南又東逕同竝縣南又東逕漏江縣伏流山下復出蝮口謂之漏江左思蜀都賦曰漏江湫流潰其阿泊若暘谷之楊濤沛若濛汜之湧波諸葛亮之平南中也戰於是水之南榆水又逕貢古縣北東與盤江合盤水出律高縣東南盤町山東逕梁水郡北貢古縣南水廣百餘步深處十丈甚有鄣氣朱袁之反李恢追至盤江者也建武十九年伏波將軍馬援上言從麋冷出貢古擊益州臣所將越駱萬餘人便習戰鬬者二千兵以上弦毒矢利以數發矢注如雨所中輒死愚以行兵此道最便蓋承籍水利用爲神捷也盤水又東逕漢興縣

山溪之中多生邛竹桄榔樹樹出綿而夷人資以自給故蜀都賦曰邛竹緣嶺又曰麪有桄榔盤水北入榆水諸葛亮入南中戰於盤中是也

入牂牁郡西隨縣北爲西隨水又東出進桑關

進桑縣牂牁之南部都尉治也水上有關故曰進桑關也故馬援言從麋冷水道出進桑王國至益州賁古縣轉輸通利蓋兵車資運所由矣自西隨至交阯崇山接險水路三千里榆水又東南絶温水而東南注于交阯

過交阯麊泠縣北分爲五水絡交阯郡中至東界復合爲三水東入海

尚書大傳曰堯南撫交阯於禹貢荆州之南垂幽

縣故九隆哀牢之國也有牢山其先有婦人名沙臺居于牢山捕魚水中觸沉木若有感因懷孕產十子後沉木化爲龍出水九子驚走小子不能去背龍而坐龍因舐之其母鳥語謂背爲九謂坐爲隆因名爲九隆及長諸兄遂相共推九隆爲王後牢山下有一夫一婦生十女九隆皆以爲妻遂因孳育皆畫身像龍文衣皆着尾九隆死世世不與中國通漢建武二十三年王遣兵乘革船南下水攻漢鹿崩民鹿崩民弱小將爲所擒於是天大震雷疾雨南風漂起水爲逆流波湧二百餘里革船沉沒溺死數千人後數年復遣六王將萬許人攻鹿崩鹿崩王與戰殺六王哀牢耆老共埋之其夜虎掘而食之明旦但見骸骨驚怖引去乃懼謂其耆老小王曰哀牢犯徼自古有之今此攻鹿崩輙被天誅中國有受命之王乎何天祐之明也即遣使遣越巂奉獻求乞內附長保塞徼漢明帝永平十二年置爲永平郡郡治不韋縣蓋始秦皇徙呂不韋子孫於此故以不韋名縣北去葉榆六百餘里榆水不逕其縣自不韋北注者盧倉禁水耳榆水自縣南逕遂久縣東又逕姑復縣西與淹水合又東南逕永昌邪龍縣縣以建興三年劉禪公隸雲南於不韋縣爲東北

東南出益州界

葉榆水自邪龍縣東南逕秦藏縣也南與濮水同

水經卷第三十七

漢桑欽撰　後魏酈道元注

淹水　葉榆水　夷水　油水
澧水　沅水　泿水

淹水出越嶲遂久縣徼外

呂忱曰淹水一曰復水也

東南至蜻蛉縣

縣有禺同山其山神有金馬碧鷄光景倏忽民多見之漢宣武遣諫大夫王褒祭之欲置其雞馬褒道病而卒是不果焉王褒碧雞訟曰敬移金精神馬縹碧之雞故左大冲蜀都賦曰金馬騁光而絶影碧雞倏忽而耀儀

又東過姑復縣南東入于若水

淹水逕縣之臨池澤而東北逕雲南縣西東北注若水也

益州葉榆河出其縣北界屈從縣東北流

縣故滇池葉榆之國也漢武帝元封二年使唐蒙開之以爲益州郡郡有葉榆縣縣西北十里有吊烏山衆鳥千百爲群其會鳴呼啁哳每歲七八月至十六七日則止一歲六至雉雀來吊夜燃火而取之其無嗉不食似特悲者以爲義則不取也俗言鳳凰死於此山故衆鳥來吊因名曰吊烏縣之東有葉榆澤葉榆水所鍾而爲此川藪也

過不韋縣

荒之外故越也周禮南八蠻雕題交阯有不粒食
者焉春秋不見於傳不通於華夏在海島人民鳥
語秦始皇開越嶺南立蒼梧南海交阯象郡漢武
帝元鼎二年始并百越啓七郡於是乃置交阯刺
史以督領之初治廣信所以獨不稱州時又建朔
方明已始開北至遂交阯於南爲子孫交阯也麊
泠縣漢武帝元鼎六年開都尉治交阯外域記曰
越王令二使者與主交阯九眞二郡民後漢遣伏
波將軍路博德討越五路將軍到合浦令越王二
使者齎牛百頭酒千鍾及二郡民戶口簿詣路將
軍乃拜二使者爲交阯九眞太守主諸雒將主民
如故交阯郡及州本治於此也州名爲交州後朱

戴雒將子名詩索麊泠雒將女名徵側爲妻側爲
人有膽勇將詩起賊攻破州郡服諸雒將皆屬徵
側爲王治麊泠縣得交阯九眞二郡民二歲調賦
後漢遣伏波將軍馬援將兵討側詩走入金溪究
三歲乃得尒時西蜀並遣兵共討側等悉定郡縣
爲令長也山多大虵名曰髯虵長十丈圍七八尺
常在樹上伺鹿獸鹿獸過便低頭繞之有頃鹿死
先濡令濕訖便吞頭角骨皆鑽皮出山夷始見虵
不動時便以大竹籤籤虵頭至尾殺而食之以爲
珍異故楊氏南裔異物志曰髯惟大虵既洪且長
采色駮犖其文錦章食豕吞鹿腴成養創賔享嘉
宴是豆是觴言其養創之時肪腴甚肥搏之以婦

人衣投之則蟠而不起走便可得也此二水左水
東北逕望海縣南建武十九年馬援征徵側置又
東逕龍淵縣北又東合南水自麊泠縣東逕封溪
縣北交州外域記曰交阯昔未有郡縣之時土地
有雒田其田從潮水上下民墾食其田因名爲雒
民設雒王雒侯主諸郡縣縣多爲雒將雒將銅印
青綬後蜀王子將兵三萬來討雒王雒侯服諸雒
將蜀王子因稱爲安陽王後南越王尉佗舉衆攻
安陽王安陽王有神人名皐通下輔佐爲安陽王
治神弩一張一發殺三百人南越王知不可戰卻
軍住武寧縣按晉太康記縣屬交阯越遣太子名始
降服安陽王稱臣事之安陽王不知通神人遇之

無道通便去語王曰能持此弩王天下不能持此
弩者亡天下通去安陽王有女名曰眉珠見始端
正珠與始交通始問珠令取父弩視之始見弩便
盜以鋸截弩訖便逃歸報越王越進兵攻之安陽
王發弩弩折遂敗安陽王下船逕出於海今平道
縣後王宮城見有故處晉太康地記縣屬交阯越
遂服諸雒將馬援以西于治遠路逕千里分置斯
縣治城郭穿渠通道溉灌以利其民縣有猩猩獸
形若黃狗又狀貆豘人面頭顏端正善與人言音
聲麗妙如婦人好女對語交言聞之無不酸楚其
肉甘美可以斷穀窮年不厭又東逕浪泊馬援以
其地高自西里進屯此又東逕龍淵縣故城南又

泉左合此水建安二十三年立州之始蛟龍蟠編
於水南北二津故改龍淵以龍編爲名也盧循之
寇交州也交州刺史杜惠度率水步晨出南津以
火箭攻之燒其船艦一時潰散循亦中矢赴火而
死於是斬之傳首京師惠度以斬循勳封龍編侯
劉欣期交州記曰龍編縣功曹左飛曾化爲虎數
月還作吏既言其化亦化無不在斗彔易虎不識厥
兒當其革狀安知其謠變哉其水又東逕曲易縣
東流注于浪鬱經言於郡東界復合爲三水此其
一也其次一水東逕封谿縣南又東南逕西于縣
南又東逕羸𨻻縣北又東逕北帶縣南又東逕稽
徐縣涇水注之水出龍編縣高山東南流入稽徐

縣注于中水中水又東逕羸𨻻縣南交州外域記
曰本縣交阯郡治也林邑記曰縣本自交阯南行
都官塞浦出焉其水自縣東逕安定縣北帶長江
江中有越王所鑄銅船潮水退時人有見之者其
水又東流隔水有泥黎城言阿育王所築也又東
南合南水南水又東北逕九德郡北交州外城記
曰交阯郡界有扶嚴究在郡之北隔度一江即是
水也江北對交阯朱䳒縣又東逕浦陽縣北又東
逕無功縣北建武十九年九月馬援上言臣謹與
交阯精兵萬二千人與大兵合二萬人船車大小
二千艘自入交阯於今爲盛十月援南入九眞至
無功縣賊渠降進入餘發渠帥朱伯棄郡亡入深

林巨林犀象所聚羣牛數千頭時見象數十百爲
群援又分兵入無編縣王之九眞亭至居風縣帥
不降並斬級數十百九眞乃清其水又東逕苟漏
縣縣帶江水江水對安定縣林邑記所謂外越安
定縣紀粟者也縣江中有潛牛形似水牛上岸鬬
角軟還入江水角堅復出又東與北水合又東注
鬱亂流而逝矣此其三也平撮通稱同歸鬱海故
經有入海之文矣

夷水出巴郡魚復縣江

夷水即狠山清江也水色清照十丈分沙蜀人見
其澄清因名清江也昔廩君浮土舟於夷水據捍
關而王巴是以法孝直有言魚復捍關臨江據水
實益州禍福之門夷水又東逕建平沙縣縣有巫
城南岸水山道五百里其水歷縣東出焉

東南過狠山縣南

夷水自沙渠入縣水流淺狹裁得通船東逕難留
城南城即山也獨立峻絕西面上里餘得石穴把
火行百許步得二大石磧並立穴中相去一丈俗
名陰陽石陰石常濕陽石常燥每水旱不調居民
作威儀服飾往入穴中旱則鞭陰石應時雨多雨
則鞭陽石俄而天晴相承所說往往有効但捉鞭
者不壽人頗惡之故不爲也東北面又有石室可
容數百人每亂民入室避賊無可攻理因名難留
城也昔巴蠻有五姓未有君長俱事鬼神乃共擲

劒於石穴約能中者奉以為君巴氏子務相乃中之人各令乘土舟約浮者當以為君唯務相獨浮因共立之是為廪君乃乘土舟從夷水下至監陽監水有神女謂廪君曰此地廣大魚鹽所出願留共居廪君不許鹽神暮輒來宿旦化為蟲群飛蔽日天地晦暝積十餘日廪君因伺便射殺之天乃開明廪君乘土舟下及夷城夷城石岸嶮曲其水亦曲廪君望之而歎山崖為崩廪君登之上有平石方二丈五尺因立城其傍而居之四姓臣之死精魂化而為白虎故巴氏以虎飲人血遂以人祀鹽水即夷水也又有鹽石即鹽陽石也盛弘之以是推之疑即廪君所射鹽神處也將知是陰石是

對陽石立名矣事既鴻古難為明徵夷水又東逕石室在層巖之上石室南向水其下懸崖千仞自水上逕望見每見陟山嶺者扳一側足而行莫知其誰村人駱都小時到此室邊採蜜見一仙人坐石牀上見都凝矚不轉都還招村人重往則不復見鄉人今名為仙人室袁崧云都孫晋尚孝夷水又東與溫泉三水合大溪南北夾岸有溫泉對注夏煖冬熱上常有霧氣瘍疾百病浴者多愈父老傳此泉先出鹽于今水有鹽氣夷水有鹽水之名此亦其一也夷水又東逕佷縣故城南縣即山名也孟康曰音恒出藥草恒山今世以銀為音也舊武陵之屬縣南一里即清江東注矣南對長楊溪

溦水西南潛穴穴在射堂射東六七里谷中有石
穴清泉潰流三十許步復入穴卽長楊之源也水
中有神魚大者二尺小者一尺居民釣魚先陳所
須多少拜而請之拜訖投釣餌得魚過數者水輙
波湧暴風卒起樹木摧折水側生異花路人欲摘
者皆當先請不得板取水源東北之風井山廻曲
有異勢穴口大如盆袁山松云夏則風出冬則風
入春秋分則靜余往觀之其時四月中去穴數丈
須臾寒慄言至六月中尒不可當往人有冬過者
置笠穴中風吸之經日還步楊溪得其笠則知潛
通矣其水重源顯發北流注于夷水此水清冷甚
於大溪縱暑伏之辰尚無能濼其津流也縣北十

餘里有神穴平居無水時有渴者誠啓請乞輙得
水或戲求者水終不出縣東十許里至平樂村又
有石穴出清泉中有潛龍每至大旱平樂村左近
村居輩草穢著穴中龍怒須臾水出蕩其草穢傍
側之田皆得澆灌從平樂順流五六里東亭村北
山甚高峻上合下空空徹東西廣二丈許起高如
屋中有石林甚整頓傍生野韮人往乞者神許則
風吹制分隨偃而輸不得過越不偃而輸輙凶往
觀者去時特平暨處自然恭肅矣

又東過夷道縣北

夷水又東逕虎灘岸石有虎像故因以名灘也夷
水又東逕釜瀨其石大者如釜小者如刀斗形色

亂眞唯石中耳夷水又東北有水注之其源百里與丹水出西南望州山山形竦峻峯秀甚高東北白巖壁立西南小演通行登其頂平可有三畝許上有故城城中有水登城望見一州之境故名望州山俗語訛今名武鍾山山根東有湧泉成溪即丹水所發也下注丹水天陰欲雨輙有赤氣故名曰丹水矣丹水又逕亭下有石穴甚深未嘗測其遠近穴中蝙蝠大者息多倒懸玄中記曰蝙蝠百歲者倒懸得而服之使人神仙穴口有泉冬溫夏冷秋則入藏春則出遊民至秋闌斷水口得魚大者長四五尺骨軟肉美異於餘魚 丹水又逕下積而爲淵淵有神龍每旱村人以芮草淵上流魚則多死龍怒當時大雨丹水又東北流兩岸石上有虎跡甚多或深或淺皆悉成就自然成非人工丹水又北注于夷水水色清澈與大溪同夷水又東北逕夷道縣北而東注

東入于江

又夷水逕宜都北東入大江有涇渭之比亦謂之佷山此溪水所經皆石山略無土岸其水虛映俯視遊魚如乘空也淺處多五色石冬夏激素飛清傍多茂木空岫靜夜聽之恒有清響百鳥翔禽哀鳴相和巡頽浪者不覺疲而忘歸矣

油水出武陵孱陵縣西界

縣有白石山油水所出東逕其縣西與澹水合水

出高城縣澨山東逕其縣下東至孱陵縣入油水也縣治故城王莽更名孱陵也劉備孫夫人權妹也又更修之其城背油向澤

又東北入于江

油水自孱陵縣之東北逕公安縣西又北流注于大江

澧水出武陵充縣西歷山東過其縣南

澧水自縣東逕臨澧零陽二縣故界水之南岸白石雙立厥狀類人高各三十丈周四十丈古老傳言昔充縣尉與零陽尉共論封境因相傷害化而爲石東標零陽西碣充縣廢省臨澧卽其地縣臨封縣之故治臨側澧水卽爲縣名晉太康四年置

澧水又東茹水注之水出龍茹山水色清徹漏石分沙莊辛說楚襄王所謂飲茹溪之流者也茹水

東流澧水

又東過零陽縣之北

澧水東與温泉水會水發北山石穴中長三十丈冬夏沸湧常若湯焉温水南流注于澧水澧水又東合零溪水源南出陵陽之山歷溪北注澧水澧水又東九渡水注之水南出九渡山山下有溪又以九渡爲名山獸咸飲此水而逕越他津皆不飲之九渡水北逕仙人樓下傍有石形極方峭世名之爲仙樓水自下瀝溪曲折逶迤傾注行者間關每所褰泝山水之號蓋亦因事生焉九渡水又北

流注于澧水澧水又東婁水入焉水源出巴東界
東逕天門郡婁中縣北又東逕零陽縣注于澧水
澧水又東逕零陽縣南藴郡零溪以著稱矣澧水
又逕澧縣右會渫渫水出建平郡東逕渫陽縣南
晋太康中置渫水又左合黄水黄水出零陽縣西
北連巫山溪出雄黄頗有神異採常以冬月祭祀
鑿石深數丈方得佳黄故溪水取名焉黄水北流
注于渫水渫水又東注澧水謂之渫口澧水又東
逕澧陽縣南南臨澧水晋太康四年立天門郡治
也吳永安六年武陵郡嵩高山高峯孤竦素壁千
尋望之茗亭有似香爐其山洞開玄朗如門高三
百丈廣二百丈孫休以爲嘉祥分武陵置天門郡

澧水又東歷層步出高秀特山下有峭澗泉流所
發南流注于澧水

又東過作唐縣北

作唐縣後漢分孱陵置澧水入縣左合涔水水出
西北天門郡界南流逕涔評屯屯堨涔水溉田數
千頃又東南流注于澧水澧水又東澹水出焉澧
水又南逕故郡城東東轉逕作唐縣南澧水又東
逕安南縣南晋太康元年分孱陵立澹水注之水
上承澧水於作塘縣東逕其縣北又東注于澧謂
之澹口王仲宣贈孫文始詩曰悠悠澹澧者也澧
水又東與赤沙湖水會湖水北通江而南注澧謂
之決口澧水又東南注于流水曰澧口蓋其枝瀆

陸也酉水東逕酉陽故縣南縣故酉陵也酉水又
東逕沅陵縣北又東南逕潘承明壘西承明討五
溪蠻營軍所築其城跨山枕谷酉水又南注沅水
闞駰謂之受水其水所決入名曰酉口沅水又逕
賓應明城側應明以元嘉初伐蠻所築也沅水又
東溪水南出茗山山深迴嶮人獸阻絕溪水北瀉
沅川水沅水又東與諸魚溪水合水北出諸魚山
山與天門郡之澧陽縣分嶺溪水合南流會于沅
沅水又東夷水入焉水南出夷山北流注沅夷山
東接胡頭山山高一百里廣圓三百里山下水際
有新恩侯馬援征武溪蠻停軍處胡頭徑而多險
其中紆折千灘援就胡頭希効早成道遇瘴毒終

没於此忠公獲謗信可悲矣劉澄之曰沅水自胡
頭枝分跨三十三渡逕交阯龍編縣東北入于海
脉水尋梁乃非關究但古人許以傳疑聊書所聞
耳

又東北過臨沅縣南

臨沅縣與沅南縣分水沅南縣西有望山夷孤竦
中流浮嶮四絕昔有蠻民避寇居之故謂夷望也
南有夷望溪水南出重山遠注沅沅水又東得關
下山東帶關溪瀉注沅瀆沅水又東歷臨沅縣西
爲明月池白壁灣灣狀半月清潭鏡澈上則風籟
空傳下則泉響不斷行者莫不擁檝嬉游徘徊愛
境沅水又東歷三石澗鼎足均跱秀若削成其側

茂竹便娟致可翫也又東帶綠蘿山頹巖臨水懸蘿釣渚漁詠幽谷浮響若鍾沅水又東逕平山西南臨沅水寒松上蔭清泉下注栖託者不能自絕於其側沅水又東逕臨沅縣南縣沅水因以爲名王莽更之監沅縣也縣南有晋徵士漢壽詩龔玄之墓銘太元中車武子立縣治武陵郡下本楚之黔中郡矣秦昭襄王二十七年使司馬錯以隴蜀軍攻楚割漢北與秦至三十年又取楚巫黔及江南地以爲黔中郡漢高祖二年割黔中故治爲武陵郡王莽更之建平郡也南對沅南縣後漢建武中所置也縣在沅水之陰因以沅南爲名縣治故城昔馬援討臨鄉所築也沅水又東歷小灣謂之枉渚渚東里許便得枉人山山西帶循溪一百餘里茂竹便娟披溪蔭渚長川逕引遠注於沅沅水又東入龍陽縣有澹水出漢壽縣西楊山南流東折逕其縣南縣治索城即索縣之故城也漢順帝陽嘉中改從今名闞駰以爲興水所出東入沅而是水又東歷諸湖方南注沅亦曰漸水也水所入之處謂之鼎口沅水又東歷龍陽縣之氾洲洲長二十里吳丹陽太守李衡植柑於其上臨死敕其子曰吾洲里有木奴千頭不責衣食歲絹千疋太史公曰江陵千樹橘可當封君此之謂矣吳末衡甘成歲絹千疋今洲上猶有陳根餘枿蓋其遺也沅水又東逕龍陽縣北城側沅水又東合壽

溪內通大溪口有水連理根各一岸而陵空交合
其上承諸湖下注沅水
又東至長沙下雋縣西北入于江
沅水下注洞庭湖方會於江
浪水出武陵鐔城縣北界沅水谷
山海經禱過之山浪水出焉而南流注于海是也
南至鬱林潭中縣與鄰水合
水出無陽縣縣故鐔城也晉義熙中改從今名俗
謂之移溪溪水南歷鐔中注于浪水
又東至蒼梧陵縣爲鬱溪又東至高要縣爲大水
鬱水鬱林之阿林縣東逕猛陵縣猛陵縣在廣信
之西南王莽之猛陸也浪水於縣在合鬱溪亂流

逕廣信縣地理志曰蒼梧郡治武帝元鼎六年開
王莽之新廣郡縣曰廣信亭王氏交廣春秋曰元
封五年交州自羸陵縣移治於此建安十六年吳
遣臨淮步騭爲交州刺史將武吏四百人之交州
道路不通蒼梧太守長沙吳巨擁衆五千騭有疑
於巨先使喻巨巨迎之於零陵遂得進州巨既納
騭而後有悔騭以兵少恐不存立巨有都督區景
勇略與巨同士爲用騭惡之陰使人請巨巨往告
景勿詣騭騭請不已景又往乃於廳事前中庭俱
斬以首徇衆即此也鬱水又逕高要縣晉書地理
志曰縣東去郡五百里刺史夏避毒徙縣水居也
縣有鵠奔亭廣信蘇施妻始珠鬼訟於交州刺史

何敞處事與鼈亭女鬼同王氏交廣春秋曰步騭
殺吳臣區景使嚴舟船合兵二萬下取南海蒼梧
人衡毅錢博宿臣部伍興軍逆騭於蒼梧高要峽
口兩軍相逢於是遂交戰毅與衆投水死者千有
餘人

又東至南海番禺縣西分爲二其一南入于海

鬱水分浪南注

其一又東過縣東南入于海

浪水東別逕番禺山海經謂之賁禺者也交州治
中合浦姚文式問云何以名爲番禺答曰南海郡
昔治在今州城中與番禺縣連接今入城東南偏
有水坑陵城倚其上聞此縣人民之爲番山縣名

番禺儻謂番山之禺也漢書所謂浮牂牁下離津
同會番禺蓋乘斯水西入越也秦并天下略定楊
越置東南一尉西北一候開南海以謫徙民至二
世時南海尉任囂召龍川令趙他曰聞陳勝作亂
豪桀叛秦吾欲起兵阻絶新道番禺負嶮可以爲
國會病綿篤無人與言故召公來告以大謀囂卒
他行南海尉事則拒關門設守以法誅秦所置吏
以其黨爲守自立爲王高帝定天下使陸賈就立
他爲越王剖符通使至武帝元鼎五年遣伏波將
軍路博德等攻南越王五世九十二歲而亡以其
地爲南海蒼梧鬱林合浦交阯九眞日南也建安
中吳遣步騭爲交州騭到南海見土地形勢觀尉

一赤循以爲虛責其人乃至東海取鰕鬚長四赤速送示循循始復謝厚爲遣其一水南入者鬱川分派逕四會入海也其一即川東別逕番禺城下漢書所謂浮牂牱下離津同會番禺蓋乘斯水而入于越也浪水又東逕懷化縣入于海水有鯌魚裴淵廣州記曰鯌魚長二丈大數圍皮皆鑢物生子子小隨母覓食驚則還入母腹吳録地理志曰鯌魚子朝索食暮入母腹南越志曰暮從臍入旦出口出腹裏兩洞腸貯水以養子腸容二子兩則四焉其餘又東至龍川縣爲湟水屈北入員水浪水枝津衍注自番禺東歷增城縣南越志曰縣多鵕鸃鵕鸃山雞也光色鮮明五色眩耀利距善鬬

世以家雞鬬之則可擒也又逕博羅縣西界龍川左思所謂目龍川而帶坰者也趙佗乘此縣而夸據南越矣

員水又東南一千五百里入南海

東歷揭揚縣王莽之南海亭而注于海也

水經卷第三十七

他舊治處負山帶海博敞渺目高則桒土下則沃
衍林麓鳥獸于何不有海怪魚鼈黿鼉鮮鰐珍怪
異物千種萬類不可勝記他因罡作臺北面朝漢
圓基千步直峭百丈頂上三畝復道環迴逶迤曲
折朔望升拜名曰朝臺前後刺史郡守遷除新至
未嘗不乗車升履於焉逍遥瞻望高遠望覩巨海
之浩茫觀原藪之殷阜乃曰斯誠海島膏腴之地
宜爲都也建安二十二年遷州番禺築立城郭綏
和百越遂用寧集交州治中文武問答云朝臺在
州城東北三十里裴淵廣州記曰城北有尉他墓
墓後有大罡謂之馬鞍罡秦時占氣者言南方有
天子氣始皇發民鑿破此罡地中出血今鑿處猶

存以狀取目故罡受厥稱焉王氏交廣春秋曰越
王趙他生有奉制稱蕃之節死有祕異神密之墓
他之葬也因山爲墳其壠塋可謂奢大葬積玲玩
吳時遣使發掘其墓求索棺柩鑿山破石費日損
力卒無所獲他雖奢僭慎厥其身乃令後人不知
其處有似松喬遷景牧豎固無所殘矣鄧德明南
康記曰昔有盧躭仕州爲治中少棲仙術善解雲
飛每夕輙凌虛歸家曉則還州嘗於元會至朝不
及朝列化爲白鵠至閤前迴翔欲下威儀以石擲
之得一隻履躭驚還就列内外左右莫不駭異時
步騭爲廣州意甚惡之便以狀列聞遂至誅滅廣
州記稱吳平晉滕循爲刺史循鄉人語循鰕鬚長

水經卷第三十八

漢桑欽撰　後魏酈道元注

資水　漣水　湘水

灕水　溱水

資水出零陵都梁縣路山

資水出武陵郡無陽縣界唐紀山蓋路山之別名也謂之大溪水東北逕邵陵郡武罡縣南縣分都梁之所置也縣左右二罡對峙重岨齊秀間可二里舊傳後漢伐五溪蠻蠻保此罡故曰武罡縣即其稱焉大溪逕建興縣南又逕都梁南漢武帝元朔五年爲長沙定王子敬侯定之邑也縣西有小山山上有渟水既清且淺其中悉生蘭草緑葉紫

莖芳風藻川蘭馨遠馥俗謂蘭爲都梁山因以號縣受名焉

東北過夫夷縣

夫水出縣西南零陵縣界少延山東北流逕扶陽縣南本零陵之夫夷縣也漢武帝元朔五年以封長沙定王子敬侯義之邑也夫水又東注邵陵水謂之邵陵浦口水也

東北過邵陵縣之北

縣治郡下南臨大溪水逕其北謂之邵陵水魏咸熈二年吳寶鼎元年孫皓分陵陵北部立邵陵郡於邵陵縣縣故邵陵也溪又東得高平水口水出武陵郡沅陵縣首望山西南流高平縣南又東入

邵陵縣界南入于邵水邵水又東會雲泉水水出零陵永昌縣雲泉山西北流逕邵陵南縣故昭陽也雲泉水又北注邵陵水謂之邵陽水口自下東北出益陽縣其間逕流山峽名之爲茱萸江蓋水變名也

又東北過益陽縣北

縣有關羽瀨所謂關侯灘也南對甘寧故壘昔關羽屯軍水北孫權令魯肅甘寧拒之於是水寧謂肅曰羽聞吾咳唾之聲不敢渡也渡則成擒矣羽夜聞寧處分曰興霸聲也遂不渡茱萸江又東逕益陽縣北又謂之資水應劭曰縣在益水之陽今無益水亦或資水之殊目矣然此縣之左右處處

有深潭漁者咸輕舟委浪謠詠相和羅君章所謂其聲綿邈者也水南十里有井數百口淺者四五赤或三五丈深者亦不測其深古老相傳昔人以杖撞地輙便成井或云古人採金沙處莫詳其實也

又東與沅水合於湖中東北入于江也

湖即洞庭湖也所入之處謂之益陽江口

漣水出連道縣西資水之別

水出邵陵縣界南逕連道縣縣故城在湘鄉縣西一百六十里控引衆流合成一溪東入衡陽湘鄉縣歷石魚山下多玄石山高八十餘丈廣十里石色黑而理若雲母開發一重輙有魚形鱗鰭首尾

絕若刻畫長數寸魚形備足燒之作魚膏腥因以
名之漣水又逕湘鄉縣南臨漣水本屬零陵長沙
定王子昌邑漣水又屈逕其縣東而入湘南縣也
東北過湘南縣南又東北至臨湘縣西南東入于湘
漣水自湘南縣東流至衡陽湘西縣界入于湘水
也於臨湘縣爲西南者矣
湘水出零陵始安縣陽海山
即陽朔山也應劭曰湘出零陵山蓋山之殊名也
山在始安縣北縣故零陵之南部也魏咸熈二年
孫皓之甘露元年立始安郡湘灕同源分爲二水
南爲灕水北則湘川東北流羅君章湖中記曰湘
水之出於陽朔則觴爲之舟至洞庭日月若出入

於其中也
東北過零陵縣東
越城嶠水南出越城之嶠嶠即五嶺之西嶺也秦
置五嶺之戍是其一焉北至零陵縣下注湘水湘
水又逕零陵縣南又東北逕觀陽與觀水合水出
臨賀郡之謝沐縣界西北逕觀陽縣西縣蓋即水
爲名也又西北流注于湘川謂之觀口也
又東北過洮陽縣東
洮水出縣西南大山東北逕其縣南即洮水以立
稱矣漢武元朔五年封長沙定王子節侯拘爲侯
國王莽更名之曰洮治也其水東流注于湘水
又東北過泉陵縣西

營水出營陽泠道縣南流山西流逕九疑山下磐基蒼梧之野峯秀數郡之間羅巖九舉各導一溪岫壑負岨異嶺同勢遊者疑焉故曰九疑山大舜窆其陽商均葬其陰山南有舜廟前有石碑文字缺落不可復識自廟仰山極高直上可百餘里古老相傳言未有登其峯者山之東北泠道縣界又有舜廟縣南有舜碑碑是零陵太守徐儉立營水又西逕營道縣馮水注之水出臨賀郡馮乘縣東北馮罡其水導源西北流縣馮溪以託名焉馮水帶約衆流渾成一川謂之北渚歷縣北西至關下關下地名也是商州改裝之始馮水又左合萌渚之水水南出于萌渚之嶠五嶺之第四嶺也其山

多錫亦謂之錫方矣渚水北逕馮乘縣西而北注馮水馮水又逕營道縣而又會營水營水又西北屈而逕營道縣西王莽之九疑亭也營水又東北逕營浦縣南營陽郡治也魏咸熈二年吳孫皓分零陵置在營水之陽故以名郡以營水又北都溪水注之水出舂陵縣北二十里仰山南逕其縣西縣本泠道縣之舂陵鄉蓋因舂溪爲名矣漢長沙定王分以爲縣武帝元朔五年封王中子買爲舂陵節侯縣故城東又有一城東西相對各方百步古老相傳言漢家舊城漢稱猶存知是節侯故邑也城東角有一碑文字缺落不可復識東南三十里尚有節侯廟都溪水又南逕新縣東縣東傍都

溪溪水又西逕縣南左與五溪俱會縣有五山山
有一溪五水會於溪門故曰都溪也都溪水自縣
又西北流逕泠道縣北與泠水合水南出九疑山
北流逕其縣西南縣指泠溪以即名王莽之泠陵
縣也泠水又北流注于都溪水又西北入于營水
溪水又北流注于營陽峽又北至觀陽縣而出于
峽矣大小二峽之間爲沿泝之極艱矣營水又西
北逕泉陵縣西漢武元朔五年以封長沙定王子
節侯賢之邑也王莽名之曰溥潤零陵郡治故楚
矣漢武帝元鼎六年分桂陽置太史公曰舜葬九
疑實惟零陵或作零郡郡取名焉王莽之九疑郡
也下邳陳球爲零陵太守桂陽賊胡蘭攻零陵激

流灌城球輙於内因地勢反決水淹賊相拒不能
下縣有白土鄉零陵先賢傳曰鄭産字景載泉陵
人也爲白土晋夫漢末多事國用不足産子一歲
輙出口錢民多不舉子産乃勑民勿得殺子口錢
當自代出産言其郡縣爲表上言錢得除更名白
土爲更生鄉也晋書地道志曰縣有香茅氣其芬
香言貢之以縮酒也營水又北流注于湘水湘水
又東北與應水合水出邵陵縣歷山崖嶝嶮岨峻
崿萬尋澄淵湛于上應水湧於上東南流逕應陽
縣南晋分觀陽縣立蓋即應水爲名也應水又東
南流逕有鼻墟南王隱曰應陽縣本泉陽之北部
東五里有鼻墟言象所封也山下有象廟言甚有

靈能興雲雨余所聞也聖人之神曰靈賢人之精氣爲鬼象生不惠死靈何寄乎應水又東南流而注于湘水湘水又東北得汜口水出永昌縣北羅山東南流逕石鷰山東其山有口紺而狀鷰因以名山其石或大或小若母子焉及其雷風相薄則石鷰羣飛頡頏如眞鷰矣羅君章云今鷰不必復飛也其水又東南逕永昌縣南又東流注于湘水又東北逕祁陽縣南又有餘溪水注之水出西北邵陵郡邵陵縣東南流注于湘其水濁揚清泯濁水色兩分湘水又北與宜溪水合水出湘東郡之新寧縣西南新平故縣東新平故新平也泉川瀉浪共成一津西北流東岸山下有龍穴宜水逕其

下天旱則擁水注之便有雨降宜水又西北注于湘湘水又西北得舂水口水上承營陽舂陵縣西北潭山又北逕新寧縣東又西北流注于湘水也

又東北過重安縣東又東北過酃縣西泰水從東南來注之

承水出衡陽重安縣西邵陵縣界耶薑山東北流至重安縣逕舜廟下廟在承水之陰又東合略塘相傳云此塘中有銅神今猶時聞銅聲於水水輙變淥作銅腥魚爲之死承水又東北逕重安縣南漢長沙頃王子度邑也故零陵之鍾武縣王莽更名曰鍾桓也武水入焉水出鍾武縣西南表山東流至鍾武縣故城南而東北流至重安縣注于承

水至湘東臨承縣北東注于湘謂之承口臨承即故酃縣也縣即湘東郡治也郡舊治在湘水東故以名郡魏正元二年吳主孫亮分長沙東部立縣有石鼓高六赤湘水所逕鼓鳴則土有兵革之事羅君章云扣之聲聞數十里此鼓今無復聲觀陽縣東有裴巖其下有石鼓形如覆船扣之清響遠徹其類也湘水北又歷印石石在衡水縣南江水又有盤石或大或小臨水而石悉有跡其方如印累然行列無文字如此可二里許因名爲印石也湘水又北逕衡山縣東山在西南有三峯一名紫蓋一名容峯容峯最爲竦傑自遠望之蒼蒼隱天故羅含云望若陣雲非清霽素朝不見其峯丹水

湧其左澧泉流其右山經謂之峋嶁山爲南岳也山下有舜廟南有祝融冢楚靈王之世山崩毀其墳得營丘九頭圖治洪水血馬祭山得金簡玉字之書容峯之東有仙人石室學者經過往往聞諷誦之音矣衡山東南二面臨映湘川自長沙至此江湘七百里中有九背故漁者歌曰汎隨湘轉望衡九面山上有飛泉下注下映青林直注山下望之若幅練在山矣湘水又東北逕湘南縣東又歷湘西縣南分湘南置也衡陽郡治魏正元二年吳孫亮分長沙西部立治湘南太守何承天徙郡湘西矣十三州志曰日華水出桂陽郴縣華山西至湘南縣入湘地理志曰郴縣有耒水出耒山西至

湘南西入湘湘水又北逕麓山東其山東臨湘川
西傍原隰息心之士多所萃焉
又東北過陰山縣西洣水從東南來注之又北過醴
陵縣西漉水從東注之
續漢書五行志曰建安八年長沙醴陵縣有大山
常鳴如牛呴聲積數年後豫章賊攻沒縣亭殺掠
吏民因以爲候湘水又北建寧縣而傍湘水縣北
有空冷峽驚浪雷奔濬同三峽湘水又北逕建寧
縣故城下晉太始中立
又北過臨湘縣西瀏水從縣西北流注
縣南有石潭山湘水逕其西山有石室石牀臨對
清流水又北逕昭山西山下有旋泉深不測故言
昭潭無底也亦謂之曰湘州潭湘水又北逕南津

城西西對橘洲或作吉字爲南津洲尾水西有橘
洲子戍故郭尚存湘水又北左會瓦官水口湘浦
也又逕船官西湘洲商舟之所次也北對長沙郡
郡在水東州城南舊治在城中後乃移北湘水左
逕麓山東上有故城山北有白露水口湘浦也又
右逕臨湘縣故城西縣治湘水濱臨川側故即名
焉王莽改號撫睦故南境之地也秦滅楚以長沙
郡即青陽之地也秦始皇二十六年荊王獻青陽
以西漢書鄒陽傳曰越水長沙還舟青陽注張晏
曰青陽地名也蘇林曰青陽長沙縣也漢高祖五
年以封吳芮爲長沙王是城即芮築也漢景帝二

年封唐姬子發爲王都此王莽之鎮蠻郡也於禹貢則荆州之域晉懷帝以永嘉元年分荆州湘中諸郡立湘州治此城之內郡廨西陶侃廟云舊是賈誼宅地中有一井是誼所鑿極小而深上歛下大其狀似壺傍有一脚石牀纔容一人坐形流制相承云誼宿所坐牀又有大甘樹亦云誼所植也城之西北有故市北對臨湘縣之新治縣治西北有北津城縣北有吴芮冢廣踰六十八丈登臨寫目爲廛郭之佳憩也郭頒世語云魏黄初末吴人發芮冢取木於縣立孫堅廟見芮尸容貌衣服並如故吴平後預發冢人於壽春見南蠻校尉吴綱曰君形貌何類長沙王吴芮乎但君微短耳綱瞿

然曰是先祖也自芮卒至冢發四百年至見綱又四十餘年矣湘水左合誓口又北得石槨口並湘浦也右合麻溪水口湘浦也湘水又北逕三石山東山枕側湘川北即三石水口也湘浦水北有三石戍戍城爲二水之會也湘水右逕瀏口戍西北對瀏水

又北溈水從西南來注之

溈水出益陽縣馬頭山東逕新陽縣南晉太康元年改曰新康矣溈水又東入臨湘縣歷溈口戍東南注湘水湘水又北合斷口又北則下營口湘浦也湘水又左岸有高口水出益陽縣西北逕高口戍南又西北上鼻水自鼻洲上口受湘西入焉謂

之上鼻浦高水西北與下鼻浦合水自鼻洲下口首受湘川西通高水謂之下鼻口高水又西北右屈爲陵子潭東北流注湘爲陵子口湘水自高口戍東又北右會鼻洲左合上鼻口又鼻右對下鼻口又北得陵子口湘水石岸銅官浦出焉湘水又北逕銅官山西臨湘水山土紫色內含雲母故亦謂之雲母山也

又北過羅縣西溳水從東來流注之

湘水又北逕錫口戍東又北左派謂之錫水西北流逕錫口戍北又西北流屈而東北注玉水焉水出西北玉池東南流注于錫浦謂之玉池口錫水又東北東湖水注之水上承玉池之東湖也南流

于錫謂之三陽逕水南有三戍又東北注于湘湘水自錫口北出又得望屯浦湘浦也湘水又北枝津北謂之門逕也湘水紆流西北東北合門水謂之門逕口又北得三溪水口水東承太湖西通湘浦三水之會故得三溪之目耳又北東會大對水口西接三津逕湘水又北逕黃陵亭西右合黃陵水口其水上承太湖湖水西流逕二妃廟南世謂之黃陵廟也言大舜之陟方也二妃從征溺於湘江神游洞庭之淵出入瀟湘之浦瀟者水清深也湘中記曰湘川清照五六丈下見底石如樗蒲矣五色鮮明白沙如霜雪赤崖者朝霞是納瀟湘之石矣故名爲立祠於水側焉荊州牧劉表刊石立

碑樹之於廟以旌不朽之傳矣黃水又西流入于湘謂之黃陵口昔王子山有異才年二十而得惡夢作夢賦二十一溺死於湘浦卽斯川矣湘水又北逕自沙戍西又北右會東町口瀆水也湘水又左合決湖口水出西陂東通湘渚湘水又北汨水注之水東出豫章艾縣桓山西南逕吳昌縣北與純水合水源出其縣東南純山西北流又東逕其縣南又北逕其縣故城下縣是吳主孫權立純水又右會汨水汨又西逕羅縣北本羅子國也故在襄陽宜城縣西楚文王移之於此秦長沙立郡因以爲郡謂之羅水汨水又西逕玉笥山羅含湘中記云屈潭之左有玉笥山道士遺言此福地也一

日地脚山汨水又西爲屈潭卽羅淵也屈原懷沙自沉於此故淵潭以屈爲名昔賈誼史遷皆嘗逕此弭檝江波投弔於淵淵北有屈原廟廟前有碑又有漢南太守程堅碑寄在原廟汨水又西逕汨羅戍南西流注于湘春秋之羅汭矣世爲汨羅口湘水又北枝分北出逕汨羅戍西又北逕壘石山東又北逕壘石戍西謂之苟導逕矣而北合湘水自汨口而北逕壘石山西而北對青草湖亦或謂之爲青草山也西對懸城口湘水又北得九口並湘浦也湘水又東北爲青草湖右合苟逕北口與勞口合又北得同拌口皆湘浦右迤者也

又北過下雋縣西微水從東來流注之

湘水左會水青口資水也世謂之益陽江湘水左逕鹿角山東右逕謹亭戍西又北合查浦又北得萬浦咸湘浦也側湘浦北有萬石戍湘水左則沅水注之謂之横房口東對微湖世或謂之麋湖口也右屬微水卽經所謂微水經下雋者也西流注于江謂之麋湖口也水又北逕金浦戍北帶金浦水湖溠也湘水左則澧水注之世謂之武陵江凡此四水同注洞庭北北會大江名之五渚戰國策曰秦與荆戰大破之取洞庭五渚也湖水廣圓五百餘里日月若出没於其中山海經云洞庭之山帝之二女居焉沅澧之風交湘之浦出入多飄風暴雨湖中有君山編山君山有石穴潛通吳之苞

山郭景純所謂巴陵地道者也是山湘君之所游處故曰君山矣昔秦始皇遭風於此而問其故博士曰湘君出入則多風秦王乃赭其山漢武帝亦登之射蛟於是山東北對編山山多篦竹兩山相次去數十里迴峙相望孤影若浮湖之右岸有山世謂之笛烏頭石石北右會翁湖口水上承翁湖左合洞浦所謂三苗之國左洞庭者也

又北至巴丘山入于江

山在湘水右岸山有巴陵故城城本吳之巴丘邸閣城也晉太康元年立巴陵縣於此後置建昌郡宋元嘉十六年立巴陵郡城跨岡嶺濱阻三江巴陵西對長洲其洲南麼湘浦北衘大江故曰三江也

五百里悉曲江縣界崖峻岨巖嶺于天交柯雲蔚
霾天晦景謂之瀧中懸湍迴注崩浪震山名之瀧
水
東至曲江縣安聶邑東屈西南流
瀧水又南出峽謂之瀧口西岸有任將軍城南海
都尉任囂所築也囂死尉佗自龍州始居之東岸
有任將軍廟瀧水又南合泠水水出泠君山
山羣峯之孤秀也晉太元十八年崩千餘丈於是
懸澗瀑掛傾流注壑頹波所入灌于瀧水瀧水右
合林水林水出縣東北洹山王歆始興記曰林水
源裏有室室前盤石上行羅十瓮中悉是餅銀採
伐遇之不得取取必迷悶晉太元初民封驅之家

僕窑竊三餅歸發看有大虵螫之而死湘州記曰
其夜駈之夢神語曰君奴不謹盜銀三餅卽日顯
戮以銀相備視則奴死銀在矣林水自源西流于
瀧水又與雲水合水出縣[illegible]湯泉泉源沸湧浩氣
雲浮以腥物投之俄頃卽[illegible]其中時有細赤魚游
之不爲灼也西北合瀧水[illegible]籍水上承滄海水
有島嶼焉其水吐納衆流[illegible]注于瀧水瀧水又
南歷靈鷲山山本名虎郡[illegible]曰虎市山以虎多
暴故也晉義熙中沙門釋[illegible]葺宇巖阿猛虎遠
跡蓋律仁感所致因改曰靈鷲山瀧水又南逕曲
江縣東又言縣皆號曲紅曲[illegible]一名也東連岡是矣
瀧中有碑文曰按地理志曲[illegible]舊縣也王莽以爲

縣本始安之扶鄉也孫皓割以爲縣溪水又南注熈平熈平水又西注于灕水縣南又朝夕塘水出東出西有塘水從山下注塘一日再增再減盈縮以時未嘗愆期同於潮水因名此塘爲朝夕塘矣灕水又西逕平樂縣界左合平樂溪口水出臨賀郡之謝沐縣南歷山西北流逕謝沐縣西南西南流至平縣東南左會謝沐衆溪派流湊合西逕平樂南孫皓割蒼梧之境立以爲縣北隷始安溪水又西南流注于灕水謂之平水

南過蒼梧荔浦縣

瀨水出縣西北魯山之東逕其縣西與濡水合出永豐縣西北濡山東南逕其縣西又東南流入于荔浦縣注于瀨溪又注于灕水之上有灕水關灕水又南左合靈溪水口出臨賀富川縣北符靈罡南流逕其縣東又南注于灕水也

又南至廣信縣入于鬱水

溱水出桂陽臨武縣南繞城西北屈東流

溱水導源縣西南北流逕縣西而北與武溪合山海經曰肆水出臨武西南注于海入番禺西肆水蓋溱水之別名也武溪水出臨武縣西北桐柏山東南流右合溱水亂流東南逕臨武縣西謂之武溪縣側溪東因曰臨武縣王莽更名大武也溪之東南流左會黃岑溪水溪水出郴縣黃岑山西南流又合武溪武水又南入里山山名藍豪廣圓

三水所會亦或謂之三江口矣夾山列關謂之射獵又北對養口咸湘浦也水色青異東北入于大江有清濁之别謂之江會也

灕水亦出陽海山

灕水與湘水出一山而分源也湘灕之間陸地廣百餘步謂之始安嶠嶠即越城嶠也嶠水自嶠之陽南流注灕名曰始安水故庾仲初之賦揚都云判五嶺而分流者也灕水又南與溈水合出西北郡陵縣界而東南流至零陵縣西南逕越城西建安十六年交州刺史賴恭自廣信合兵小零陵越城迎步騭即是地也溈水又東南流注于灕水漢書所謂出零陵下灕水者也灕水又南合彈丸溪

水出于彈丸山山有湧泉奔流衝激山堪及溪中有石若九自然珠圓狀彈九矣故山水即名焉漢水東流注于灕水灕水又南逕始興縣東魏文帝咸熈二年吳孫皓分零陵南部立始興縣灕水又南右會洛溪溪水出永豐縣西北洛溪山東流逕其縣北縣本蒼梧之北鄉孫皓割以爲縣洛溪水又東南逕始安縣而東注灕水灕水又東南流入熈平縣逕羊瀨山山臨水石間有色類羊又東南逕雞瀨山山帶灕水山石色狀雞故二山以物象受名矣灕水又南得熈平水口水源出縣東龍山西南流逕其縣南又西與北鄉溪水合水出縣東北北鄉山西流逕其縣北又西流南轉逕其縣西

除虞始興郡治魏文帝咸熈二年孫皓分桂陽南部立縣東傍瀧溪號曰北瀧水水左即東溪口也水出始興東江州南康縣界石閤山西流而與連水合水出南康縣凉熱山連溪山即大庾嶺也五嶺之最東矣故曰東嶠山斯則改裝之次其下舩路名連溪溥水南流注于東溪謂之連庾仲初謂之大庾嶠水也東溪亦名東江又曰始興水又西耶階水注之水出縣東南耶階山水有別源曰巢頭重嶺衿瀧湍奔相屬祖源雙注合爲一川水側有鼻天子城鼻天子所未聞也耶階水又西北注于東江江水又西逕始興縣南又西入曲江縣邸水注之水出浮岳山山躡一處則百餘步動若在

水也因名浮岳山南流注于東江東江又西與利水合水出縣之韶石北山南流逕韶石下百高百仞廣圓五里兩石對峙相去一里小大略均似雙闕名曰韶石古老言昔有二仙分而憇之自爾年豐彌歷一紀利水又南逕靈石下靈石一名逃石高三十丈廣圓五百丈耆舊傳言石本桂陽武城縣因夜迅雷之變忽然遷此彼人來見歎曰石乃逃來因名逃石以其有靈運徙又曰靈石其傑處臨江壁立霞駮有若績焉水石驚瀨傳響不絕商州淹留聆翫不已利水南注東江東江又西注于北江謂之東江口溱水自此有始興六江之名而南入湞陽縣也

過湞陽縣出洭浦關與桂水合

溱水南逕湞陽縣西舊益縣也王莽之基武矣縣東有湞石山廣圓三十里挺崿大江之北盤阯長川之際其陽有石室漁叟所憩昔欲於山北開達郡之路輙有大虵斷道不果是以今者必於石室前汎舟而濟也溱水又西南歷皁口太尉二山之間是曰湞陽峽兩岸傑秀壁立虧天昔嘗鑿石架閣令兩岸相接以拒徐道覆溱水出峽左則湞水注之水出南海龍川縣西逕湞陽縣南右注溱水故應劭曰湞水西入溱是也溱水又西南洭水入焉山海經所謂洭水出桂陽西北東南注肄入郭浦西者也溱水又西南逕中宿縣會一里水其處

隘名之爲觀岐連山交枕絕岸壁竦下有神廟背阿面流壇宇虛肅廟渚攢石巉巖亂峙中川時水洊至鼓怒沸騰流木淪没必無出者世人以爲河伯下林晉中朝時縣人有使者至洛有使訖將還忽有一人寄其書云吾家在觀前石間懸藤卽其處也但扣藤自當有人取之使者謹依其言果有二人出外取書并延入水府衣不霑濡言此似不近情然造化之中無所不有穆滿西游與河宗論寶以此推之亦爲類矣溱水又西南逕中宿縣南吳孫皓分四會之北鄉立焉

南入于海

溱水又南注于鬱而入于海

水經卷第三十八

水經卷第三十九

漢桑欽撰　後魏酈道元注

匯水　深水　鍾水　耒水

洣水　漉水　瀏水　溳水

贛水　廬水

匯水出桂陽縣盧聚

水出桂陽縣西北上騂山盧溪爲盧溪水東南流逕桂陽縣故城謂之匯水地理志曰匯水出桂陽南至四會是也匯水又東南流出桂陽南至四會是嶠之溪溪水下流歷峽南出是峽謂之貞女峽峽西岍高巖名貞女山山下際有石如人形高七尺狀如女子故名貞女峽古來相傳有數女取螺

於此遇風雨晝晦忽化爲石斯誠巨異難以聞信但啓生石中蟄哌空桑斯抑類矣物之變化寧以理求乎溪又合洭水洭水又東南入陽山縣右合漣口水源出縣西北一百一十里石塘村村之流水側有豫章木本逕可二丈其株根猶存伐之積載而斧跡若新羽族飛翔不息其傍無柔枝飛散遠集鄉亦不測所如唯見一枝獨在含洭水矣漣水東南流注于洭洭水又東南流而又與斟水合水導源近出東巖下穴口若井一日之中十溢十竭信若潮流而注洭水洭水又南逕縣故城西耆舊傳曰往昔縣長臨縣輒遷擢超級大史遲觀言摯使然掘斷連罡流血成川城因傾陁遂自傾敗闔

下大鼓飛上臨武乃之桂陽追號聖鼓白陽山達
乎桂陽之武步驛所至循聖鼓道也其道如塹迄
于鼓城矣洭水又逕陽山縣南縣故含洭縣之桃
鄉孫皓分立爲縣也洭水又南東流也

東南過含洭縣

應劭曰洭水東北入沅瓚注漢書沅在武陵去洭
遠又隔湘水不得入沅洭水東南左合翁水水出
東北利山湖湖水廣圓五里潔踰凡水西南流注
于洭謂之翁水口口已下東岓有聖鼓枝即陽山
之鼓枝也橫在川側雖衝波水激未嘗移動百鳥
翔鳴莫有萃者舩人上下以蒿種者輒有瘧疾洭
水又東南左合陶水水東出堯山山盤紆數百里有

赭嵓迭起冠以青林與雲霞亂采山上有白石英
山下有平陵有大堂基耆舊云堯行宮所陶水西
逕縣北右注洭水洭水又逕含洭縣西王歆始興
記曰縣有白鹿城城南有白鹿罡咸康中郡民張
勳爲縣有善政白鹿來游故城及罡並即名焉

南出洭浦關爲桂水

關在中宿縣洭水出關右合溱水謂之洭口山海
經謂之湟水徐廣曰湟水一名洭水出桂陽通四
會亦曰滙水也漢武帝元鼎元年路博德爲伏波
將軍征南越出桂陽下湟水即此水矣桂水其別
名也

深水出桂陽盧聚

吕忱曰深水一名邃水導源盧溪西入營水亂流營波同注湘津許慎云深水出桂陽南平縣也經書桂陽者縣也本隸桂陽郡後割屬始興縣有盧溪盧聚山在南平縣之南九疑山東也

西北過零陵營道縣南又西北過營浦縣南又西北過泉陵縣西北七里至燕室邪入于湘

水上有燕室丘亦因為聚名也其下水深不測號曰龍泉

鍾水出桂陽南平縣都山北過其縣東又東北過宋渚亭又北過鍾亭與雞水合

部山即部龍之嶠也五嶺之第三嶺也鍾水即嶠水也庾仲初曰嶠水南入始興漼水注于海北入

桂陽湘水注于江是也雞水即桂水也雞桂聲相近故字隨讀變經仍其非矣桂水出桂陽縣北界山山壁高聳三面特峻石泉懸注瀑布而下北逕南平縣西東北流届鍾亭右會鍾水通為桂水也故應劭曰桂水出桂陽東北入湘

又北過魏寧縣之東

魏寧故陽安也晉太康元年改曰晉寧縣在桂陽郡東一百二十里縣南西二面岨帶清溪桂水南出縣東理蓋縣邑流移今古不同故也

又東北入于湘耒水出桂陽郴縣南山

耒水發源出汝城縣東鳥龍白騎山西北流逕其縣北西流三十里中有卜四瀨各數百步濬流奔

急竹節相次亦爲行旅泝涉之艱難也又西北逕
晉寧縣北又西左合淸溪水口水出縣東黃皮山
西南流歷縣南又西北注于耒水汝縣在郡東三
百里餘山又在縣東耒水無出南山理也
又北過其縣之西
縣有綠水出縣東侯公西山北流而南屈注于耒
謂之程鄉溪郡置酒官醞於山下名曰程酒獻同
酃也耒水又西黃水注之水出縣西黃岑山山則
騎田之嶠五嶺之第二嶺也黃水東北流案盛弘
之云衆山水出注于大溪號曰横流溪溪水甚小
冬夏不乾俗亦謂之爲貪泉飲者輒冐於財賄同
於廣州石門貪流矣廉介爲二千石則不飲之昔

吳隱之挹而不貪亂豈謂能汙其眞乎蓋亦惡其
名也劉澄之謂爲一涯溪通四會殊爲孟浪而不
悉也庾仲初云嶠水南入始與溱水注海卽黃岑
水入武溪者也北水入桂陽湘水注于大江卽是
水也又側千秋水注之水出西南萬歲山山有石
室室中有鍾乳山上悉生靈壽木溪下卽千秋水
也水側民居號萬歲村其水下合黃水黃水又東
北逕其縣東右合其泉水水出縣南湘陂村村有
圓水廣圓可二百步一邊暖一邊冷冷處極淸綠
淺則見石深則無底暖處水白且濁玄素旣殊凉
煖亦異厥名除泉其猶江乘之半湯泉也水盛則
瀉黃溪水耗則律徑輟流郴舊縣也桂陽郡治也

漢高帝二年分長沙置地理志曰桂水所出因以名也王莽更名南平縣曰宣風項羽遷義帝所築也縣南有義帝冢內有石虎因呼爲白虎郡東觀漢記曰茨充字子何爲桂陽太守民隨嬾少麄履足多剖裂茨教作履今江南知織履皆充之教也黃溪東有馬嶺山高六百餘丈廣圓四十許里漢末有郡民蘇躭栖遊此山桂陽列仙傳云躭郴縣人少孤養母至孝言語虛無時人謂之癡常與衆兒共牧牛更直爲帥錄牛無散每至躭爲帥牛輒徘徊左右不逐自還衆兒曰汝直牛何遇不走邪躭曰非汝曹所知卽面辭母云受性應仙當違供養涕泗又說年將疫疫死者略半穿一井飲水可得無恙如是有哭聲甚哀見躭乘白馬還此山中百姓爲立壇祠民安歲登民因名爲馬嶺山黃水又北流注于來水謂之郴口耒水又西逕華山之陰亦曰華石山孤峰特聳枕帶雙流東則黃溪耒水之交會也耒水東流沿注不得其過其縣西也兩岍連山石泉懸溜行者輒徘徊留念情不極已也

又北過便縣之西

縣故惠帝封長沙王子吳淺爲侯國王莽之便屛也縣界有溫泉水在郴縣之西北左右有田數十畝資之以漑常以十二月下種明年三月穀熟度此水冷不能生苗溫水所漑年可三登其餘波散

流入于耒水也
又西北過耒陽縣之東
耒陽舊縣也蓋因水以制名王莽更名南平亭東傍耒水水東肥南有郡故城縣有漢水東出侯計山其水清澈冬温夏冷西流謂之肥川川之北石盧塘塘地八頃其深不測有大魚常至五月輒一奮躍水涌數丈波襄四陸細魚奔迸隨水登岸不可勝計又云大魚將欲鼓作諸魚皆浮聚水側往西北逕蔡州州西即蔡倫故宅傍有蔡子池倫漢黃門郎順帝之世擣故魚網爲紙用大簡素自其始也
又北過酃縣東

縣有酃湖湖中有洲洲上民居彼人資以給釀酒甚醇美謂之酃酒歲常貢之湖邊尚有酃縣故治此西北去臨承縣一十五里從省隷十三州志曰大別水南出耒陽縣太山北至酃縣入湖也
北入于湘
耒水西北至臨承縣而右注湘水謂之耒口也
洣水出茶陵縣上鄉西北過其縣西
水出江州安城郡廣興縣太平山西北流逕茶陵縣之南漢武帝元朔四年封長沙定王子節侯訢之邑也王莽更名聲鄉矣洣水又屈而過其縣西北流注也地理志謂之泥水者也
又西北過攸縣南

攸水出東南安城郡安復縣封侯山西北流逕其縣北縣北帶攸溪蓋即溪以名縣也漢武帝元朔四年封長沙定王子則爲攸輿侯即地理志所謂攸縣者也攸水又西南流入茶陵縣入乎洣水也

又西北過陰山縣南

縣本陽山縣也縣東北猶有陽山故城即長沙孝王子宗之邑也言其勢王故漸山堙谷改曰陰山縣縣上有容水自侯曇山下注洣水謂之容口洣水又西北逕其縣東又西逕歷口縣有歷水水有大穴容一百石出於此水因以名曰容水下注水謂之歷口洣水又西北與洋湖水會水出縣西北樂藪罡不洋湖湖去罡七里湖水下注洣謂之洋

湖口洣水東北有峨山縣東北又有武陽龍尾山并仙者羽化之處上有仙人及龍馬跡於其處得遺咏雖神栖白雲屬想芳流藉念泉鄉遺咏在茲覽其餘誦依然息遠匪直邈想霞蹤愛其文咏可念故端牘抽札以詮其咏其略曰登武陽觀樂藪峨嶺千嵕洋湖口命非螭駕白駒臨天水心踟躕千載後不知如蓋勝賞神鄉秀情超拔矣

又西北入于湘

漉水出醴陵縣東漉山西過其縣南

醴陵縣高后四年封長沙相侯越爲國縣南臨淥水水東出安城鄉翁陵山余謂漉淥聲相近後人藉便以淥爲稱雖翁陵名異而即麓是同

屈從縣西西北流至瀝浦注入于湘
水出臨湘縣東南劉陽縣西北過其縣東北與涝
溪水合
瀏水出縣東江州豫章縣首裨山導源西北流逕
其縣南縣平溪以即名也又西北注于臨湘縣也
西入于湘瀆水出豫章艾縣
春秋左氏傳曰吳公子慶忌諫夫差不納居于艾
是也王莽更名治翰
西過長沙羅縣西
羅子自枝江徙此世猶謂之爲羅侯瀆水又西流
積而爲陂謂之町湖也
又西累石山入于湘水
累石山在北亦謂之五木山山方尖如五木狀故
俗人藉以名之山在羅口北瀆水又在羅水南流

注于湘謂之東町口者也
贛水出豫章南野縣西北過贛縣東
山海經曰贛水出聶都山東北流注于江入彭澤
西也班固稱南野縣彭水所發東入湖漢水庾仲
初謂大庾嶠水北入豫章注于江者地理志曰豫
章水出贛縣西南而北入江蓋控引衆流總成一
川雖稱謂有殊言歸一水矣故後漢郡國志曰贛
有豫章水雷次宗云似因此水爲其地名雖十川
均流而北源最遠故獨受名焉劉澄之曰縣東南
有章水西有貢水西是爲謬也縣治二水之間二

水合贛字因以名縣焉劉氏專以字說水而不知
遠失其水實矣豫章水導源東北流逕南野縣北
贛川石岨水急行難傾波委注六十餘里逕贛縣
東縣即南康郡治晉太康五年分廬江立豫水石
會湖漢水水出雩都縣導源西北流逕金雞石其
石孤竦臨水耆老云時見金雞出於石上故石取
名焉湖漢水又西北逕贛縣東西入豫章水也

又西北過廬陵縣西

廬陵縣即王莽之桓亭也十三州志曰稱廬水西
出長沙安復縣武帝元光六年封長沙定王子劉
蒼爲侯國即王莽之用也吳寶鼎中立以爲安城
郡東至廬陵入湖漢水也

又東北過石陽縣西

漢和帝永平九年分廬陵平漢獻帝初平二年吳
長沙桓王立廬陵郡治此豫章水又逕其郡南城
中有井其水色半清半黃黃者如灰汁取作飲粥
悉皆金色而甚芬香

又東北過漢平縣南又東北過新淦縣西

牽水西水宜春縣漢武帝元光六年封長沙定王
子劉拾爲侯國王莽之循曉也牽水又東逕吳平
縣舊漢平也晉太康元年改爲吳平矣牽水又東
逕新淦縣即王莽之偶亭而注于豫章水湖漢
贛並通稱也又金水出其縣下注于贛水

又北過南昌縣西

盱水出南宮縣西北流逕南昌縣南西注贛水又有濁水注之水出康樂縣故陽樂也濁水又東逕望蔡縣縣因汝南上蔡民萍居此土晉太康元年改爲望蔡縣濁水又東逕建城縣漢武帝元光四年封長沙定王子劉拾爲侯國王莽更之名曰多聚也縣出然石異物志曰石色黃白而理疎以水灌之便熱以鼎著其上炊足以熟置之則冷灌之則熱如此無窮元康中雷孔章入洛賫石以示張公張公曰此謂然石於是乃知其名濁水又東至南昌縣東流入于贛水贛水又歷白杜西有徐孺子墓吳嘉禾中太守長沙徐熙於墓隧種松太守南陽謝景於墓側立碑水安中太守梁郡夏侯嵩於碑傍立思賢亭於大合抱亭世修治至今謂之聘君亭也贛水又北歷南塘塘之東有孺子宅際湖南小洲上孺子名治稚南昌人高尚不仕太尉黃瓊辟不就桓帝問尚書令陳蕃徐稚袁宏誰爲先後蕃答稱袁生公族不鏤自彫至於徐稚傑出薄城故宜爲先桓帝備禮徵之不至太原郭林宗有毋憂稚往吊之置生蒭於廬前而去衆不知其故林宗曰必孺子也詩云生蒭一束其人如玉吾無德以堪之年七十二卒贛水又逕谷鹿州舊作大處贛水又北逕南昌縣城西於春秋屬楚即令尹子蕩師于豫章者也秦以爲廬江南部漢高祖六年始命灌嬰以爲豫章郡治此即灌嬰所築也

王莽更名縣曰宜善郡曰九江焉劉歆云湖漢等九水入彭蠡故言九江矣陳蕃爲太守署徐稚爲功曹蕃在郡不接賓客唯稚來特設一榻去則懸之此卽懸榻處也建安中更名西安晉又名爲豫章城之南門曰松楊門門內有樟樹高七丈五尺大二十五圍枝葉扶疎垂蔭數畝應劭漢官儀曰豫章郡樹生庭中故以名郡矣此樹嘗中枯逮晉永嘉中一旦更茂豐蔚如初咸以中宗之禪也禮斗威儀曰君政訟平豫章常爲生太興中元皇果興大業於南故郭景純南郊賦云弊樟擢秀於祖邑是也以宣王祖爲豫章故也贛水北出際西北歷度之步是晉度之校尉立府處步卽水渚也贛

水又逕郡北爲津步步有故守要明與安侯張普爭地爲普所害卽日靈見津渚故民爲立廟焉水之西岸有盤石謂之石頭津步之處也西行二十里曰散原山疊障四周杳邃有趣晉隆安末沙門竺曇顯建精舍於山南僧徒自遠而至者相繼焉西北五六里有洪井飛流懸注其深無底舊說鴻崖先生之井也北五六里有風雨池言山高瀨激激著尌木尌木霏散遠麗若雨西有鸞罡洪崖先生乘鸞所憩泊也罡西有鵠嶺云王子喬控鶴所逕過也有二崖號曰小蕭言蕭史所遊萃處也雷次宗云此乃繫風捕影之論虛實本所未辯聊記奇聞以廣井魚之聽矣又案謝莊詩莊常遊豫章

觀井賦詩言鸞豈四周有水謂之鸞陂似非虛論矣東太湖十里二百二十六步北與城齊南緣迴折至南塘本通大江增減與江水同漢永元中太守張躬築塘以通南路兼遏此水冬夏不增減水至清深魚甚肥美每於夏月江水溢塘而過居民多被水害至宋景平元年太守蔡君西起堤開塘爲水門水盛則閉之內多則洩之自是居民少患矣贛水又東北逕王步步側有城云是孫舊爲齊王鎮此城之渚今謂之王步蓋齊王之渚步也郡東南二十餘里又有一城號曰齊王城築道相通蓋其離宮也贛水又北逕南昌左尉廨西漢帝時九江梅福爲南昌尉居此後福一旦捨妻子去九江傳云得仙贛水又北逕龍沙西沙甚潔白高峻而陁有龍形連亘五里中舊俗九月九日升高處也此有人於此沙得故冢刻塼題云西去江七里半筴言其吉卜言其水而今此冢垂沒於水所謂筮短龜長也贛水又逕郴丘城下建安四年孫策所築也贛水又歷釣圻邸閣下度支校尉治太尉陶侃移置此也舊夏月邸閣前洲沒去浦遠景平元年校尉豫章因運出之力於渚次聚石爲洲長六十餘丈洲裏可容數十艘贛水又北逕鄡陽縣王莽豫章縣也餘水注之水東出餘汗縣王莽名之曰治干也餘水北至鄡陽縣注贛水贛水又與鄱水合水出鄱陽縣東西逕其縣南武陽鄉也地

共鄡陽令吳芮佐漢定天下而亡漢封俗於鄡陽曰越廬君俗兄弟七人皆好道術遂寓精於洞庭之山故世謂之廬山漢武帝南巡覩山以爲神靈封俗大明公遠法師廬山記曰殷周之際匡俗先生受道仙人共遊此山時人謂其所止爲神仙之廬因以名山矣又案周景式曰廬山匡俗字子孝本東里子出周武王時生而神靈屢逃徵聘廬於此山時人敬事之俗後仙化空廬尚存弟子覩室悲哀哭之旦暮同鳥號世稱廬君故山取號焉斯乃傳之談非實證也故豫章記以廬爲姓因廬以氏周氏遠師或託廬慕爲辭假憑廬以託稱二證既違三情互爽按山海經創志大禹記錄遠矣故

海内東經曰廬山出三天子都入江彭澤西是曰廬江之名山水相依互舉殊稱明不因匡俗始正是好事君子強引此類用成章句耳又按張華博物志曹著傳其神自云姓徐受封廬山後吳猛經過山神迎猛猛語曰君王此山近六百年符命已盡不宜久居非據猛又贈詩云仰矚列仙館俯察王神宅曠載暢幽懐傾蓋付三益此乃神道之事亦有換轉理難詳矣吳猛隱山得道者也尋陽記曰廬山上有三石梁長數十丈廣不盈尺杳然無底吳猛將弟子登山過此梁見一翁坐桂樹下以玉杯承甘露漿與猛又至一處見數人爲猛設玉膏猛弟子竊一寶欲以來示世人梁即化如指猛

使送寶還手牽弟子令閉眼相引而過其山川明
淨風澤清廣氣爽節和土沃民逸嘉遁之士繼響
窟巖龍潛鳳采之賢往者忘歸矣秦始皇漢武帝
及太史公司馬遷咸升其巖望九江而眺鍾彭焉
廬山之北有石門水水出嶺端有雙石高竦其
狀若門因有石門之目焉水導雙石之中懸流非
澍近三百許步下散漫十數步上望之連天若曳
飛練於霄中矣下有盤石可坐數十人冠軍將軍
劉敬宣每登陟焉其水歷澗逕龍泉精舍南太元
中沙門釋惠遠所建也其水下入江南嶺即彭蠡
澤西天子鄣也峰隥險峻人跡罕及嶺南有大道
順山而下有若畫焉傳云匡先生所通至江道巖

上有宮殿故基者三以次而上最上者極於山峰
山下又有神廟號曰宮亭廟胡彭湖亦有宮亭之
稱焉余按爾雅云大山曰宮宮之爲名蓋起於此
不必一由三宮也山廟甚神能分風擘流住舟遣
使行旅之人過必敬祀而後得去故曹毗詠云分
風爲貳擘流爲兩昔吳郡太守張公直自守徵還
道由廬山子女觀祠婢指女戲妃像人其妻夜夢
致聘怖而遽發明引中流而船不行合船驚懼曰
愛一女而合門受禍也公直不忍遂令妻下女於
江其妻布席水上以其亡兄女代之而船得進公
直方知兄女怒妻曰吾何面於當世也復下己女
於水中將度遥見二女於岸側傍有一吏立曰吾

廬君主簿敬君之義悉還二女故干寶書之於感應焉山東有石鏡照水之所出有一圓石懸崖明淨照見人形晨光初曜則延曜入石豪細必察故名石鏡焉又有二泉常懸注若白雲帶山廬山記曰白水在黃龍南卽瀑布也水出山復挂流三四百丈飛湍林表望若懸素注處悉巨井其深不測其水下入江淵廬山之南有上霄石高壁緬然與霄漢連接秦始皇三十六年歎斯岳遠遂記爲上霄焉上霄之南大禹刻石誌其丈尺里數今猶得刻石之號焉湖中有落星石周迴百餘步高五丈上生竹木傳云有星墜此因以名焉又有孤石介立太湖中周迴一里竦立百丈矗然高峻特爲瓌

異上生林木而飛禽罕集言其上有玉膏可採所未詳也耆舊云昔禹治洪水至此刻石紀功或言秦始皇所勒然歲月已久莫能辨之也

水經卷第三十九

水經卷第四十

漢桑欽撰　後魏酈道元注

漸江水　斤江水

漸江水出三天子都

山海經謂之浙江也地理志云水出丹陽黝縣南蠻中北逕其縣南有博山山上有石特起十丈上峰若劒抄時有靈鼓潛發正長臨縣以山鼓爲候一鳴官長一年若長雷發聲則官長不及游江又北歷黝山縣居山之陽故縣氏之漢成帝鴻嘉二年以爲廣德國封孫雲客主於此晉太康中以爲廣德縣分隸宣城郡會稽陳業潔身清行遁跡此山浙江又北逕歙縣東與一小溪合水出縣東北翁山西逕故城南又西南入浙江又東逕遂安縣南溪廣二百步上立杭以相通水甚清深潭又掩鱗故名新安分歙縣立之晉太康中又改從今古浙江又左合絶溪溪水出始新縣西東逕縣故城南爲東西長溪溪有四十七瀨濬流驚急奔波聒天孫權使賀齊討黟歙山賊賊固黟之林歷山山甚峻絶又工禁五兵齊以鐵杙琢山升出不意人以白棓繫之氣禁不行遂用奇功平賊於是立始新之尉於歙之華鄉令齊守之後移出新亭晉太康元年改曰新安郡溪水東注浙江浙江又東北逕遂德縣南縣北有烏山山下有廟廟在縣東七里廟渚有大石高十丈五尺圍水瀨濬激而能致

雲雨浙江又東逕壽昌縣南自建德至此八十里中有十二瀨瀨皆峻嶮行旅所難縣南有孝子夏先墓先少喪二親負土成墓數年不勝卒浙江水又北逕新城縣桐溪注之水出吳興郡於潛縣北天目山山極高峻崖嶺竦疊西臨後澗山上有霜木皆是數百年樹謂之翔鳳林東面有瀑布下注數畝深沼名曰蛟龍池池水南逕流縣西爲縣之西溪溪水又東南與紫溪合水出縣西百丈山即潛山也山水東南流名爲紫溪中道夾水有紫色盤石石長百餘丈望之如朝霞又名此水爲赤瀨蓋以倒影在水故也紫溪又東南流逕白山之陰山甚峻極北臨紫溪又東南連山夾水兩峰峙交

反項對石往往相捍十餘里中積石磊砢相挾而上澗下白沙細石狀若霜雪水木相映泉石爭暉名曰樓林紫溪東南流逕桐廬縣東爲桐溪孫權籍溪之名以爲縣目割富春之地立桐廬縣自縣至於潛凡有十六瀨第二是嚴陵瀨瀨帶山山下有石室漢光武帝時嚴子陵之所居也故山及瀨皆即人姓名之山下有盤石周迴十數丈交枕潭際蓋陵所游也桐廬溪又東北逕新城縣入浙江縣故富春也孫權省幷桐廬咸和元年復立爲縣浙江又東北入富陽縣故富春也晉后名春改曰富陽也東分爲湖浦浙江又東北逕富春縣南縣故王莽之誅歲也江南有山孫武皇之先所葬也

漢末墓上有光如雲氣屬天黃武四年孫權以富春爲東安郡分置諸縣以討士宗浙江又東北逕亭山西山上有孫權父冢

北過餘杭東入于海

浙江逕縣左合餘干大溪江北卽臨安縣界水北對郭文宅宅傍山面溪宅東有郭文墓晉建武元年驃騎王導迎文置之西園文逃此而終臨安令改莽之建安十六年縣民郎雅亂賀齊討之孫權分餘杭立臨水縣晉改曰臨安縣因岡爲城南門尤高謝安莅郡遊縣逕此門以爲難爲亭長浙江又東逕餘杭故縣南新縣北秦始皇南遊會稽途出是地因立爲縣王莽之進睦也漢末陳渾移築

南城縣後溪南大塘卽渾立以防水也縣南有二碑是顧颺范甯等碑縣南有大壁山郭文自陸渾遷居也浙江又東逕烏傷縣北王莽改曰烏孝郡國志謂之烏傷異苑曰東陽顏烏以淳孝著聞後有羣烏銜鼓集顏烏所居之村烏口皆傷一境以爲顏烏至孝故致慈烏欲令孝聲遠聞又名其縣曰烏傷矣浙江又東北流至錢塘縣穀水入焉水源西出太末縣縣是越之西鄙姑蔑之地也秦以爲縣王莽之末理也吳寶鼎中分會稽隸東陽郡穀水東逕獨松故冢下冢爲水毀其塼文銘言吉龜言凶百年墮水中今則同龜繇矣穀水又東逕長山縣南與永康水合縣而東陽郡治也縣滿獻

帝分烏傷立郡吳寶鼎中分會稽置城君山之陽或謂之長仙縣也言赤松採藥此山因而居之故以爲名後傳呼乖謬字亦因改溪水南出永康縣縣赤烏中分烏傷上浦立劉歆叔異苑曰孫權時永康縣有人入山遇一大龜即束之以歸龜便言曰游不量時爲君所得檐者怪戴出欲上吳王夜宿越里纜船於大桑樹宵中樹忽呼龜曰元緒奚事爾也龜曰行不擇日今方見烹雖盡南山之樵不能潰我對曰諸葛元遜識性淵長必致相困令求如我之徒計將安泊龜曰子明無多亂既至建業權將煑之燒柴萬車語猶如故諸葛恪曰然以老桑乃熟獻人仍說龜言權使伐桑取煑之即爛

故野人呼龜曰元緒其水飛湍北注至縣南門入穀水穀水又東定陽溪水注之上承信安縣之蘇姥布縣本新安縣晉武帝太康三年改曰信安水懸百餘丈瀨勢飛注狀如瀑布瀨邊有如石床床上有石牒長三尺許有似雜綵玷也東陽記云信安縣有縣室坂晉中朝時有民王質伐木至石室中見童子四人彈琴而歌質因留倚柯聽之童子以一物如棗核與質質含之便不復飢俄頃童子曰其歸承聲而去斧柯漼然爛盡既歸質去家已數十年親情凋落無復向時比矣其水分納衆流混波東逝逕定陽縣夾岸緣溪悉生支竹及芳枳木連雜以霜菊金橙白沙細石狀若凝雪石溜湍

波浮響無輟山水之趣尤深人情縣漢獻帝分信安立溪亦取名焉溪水又連逕長山縣北北對高山山下水際是赤松羽化之處也炎帝少女追之亦俱仙矣後人立廟於山下溪水又東入于穀水又東逕烏傷縣之雲黃山山下臨溪水水際石壁傑立高一百許丈又與吳寧溪水合水出吳寧縣下逕烏傷縣入穀謂之烏傷溪水閩中有徐登者女子化爲丈夫與東陽趙昞並善越方時遭兵亂相遇於溪各示所能登先禁溪水爲不流昞次禁枯柳柳爲生荑二人相示而笑登年長昞師事之後登身故昞東入章安百姓未知昞乃升茅屋梧鼎而爨主人驚怪昞笑而不應屋亦不損又嘗臨

水求渡船人不許昞乃張蓋坐中長嘯呼風亂流而濟於是百姓神服從者如歸章安令惡而殺之民立祠於永寧而蚊蚋不能入昞秉道懷術而不能全身避害事同長弘宋元之龜厄運之來故難救矣穀水又東入錢塘縣而左入浙江故地理志曰穀水自太末東北至錢塘入浙江是也浙江又東逕靈隱山山在四山之中有高崖洞穴左右有石室三所又有孤石壁立大三十圍其上開散狀似蓮花昔有道士歸往不歸或因以稽留爲山號山下有錢塘故縣浙江逕其南王莽更名之曰泉亭地理志曰會稽西部都尉治錢塘記曰防海大塘在縣東一里許郡議曹華信家議立此塘以防

海水始開募有能致一斛土者卽與錢一千旬月之間來者雲集塘未成而不復取於是載土石者皆棄而去塘以之成故改名錢塘焉縣南江側有明聖湖父老傳言湖有金牛古見之神化不測湖取名焉縣有武林山武林水所出也闞駰云山出錢水東入海吳地記言縣唯浙江今無此水縣東有定巳諸山皆西臨浙江水流於兩山之間江川急濬兼濤水晝夜再來來應時刻常以月晦及望尤大至二月八月最高峨峨二丈有餘吳越春秋以爲子胥文種之神也昔子胥死於吳而浮尸於江吳人憐之立祠於江上名曰胥山吳錄曰胥山在太湖邊去江不百里故曰江上文種城於越而

伏劒於山陰越人哀之葬於重山文種旣葬一年子胥從海上負種俱去游夫江海故潮水之前揚波者伍子胥後重水者大夫種是以枚乘曰濤無記焉然海水上潮江水逆流似神而非於是處焉秦始皇三十七年將遊會稽至錢塘臨浙江所不能渡故道餘杭之西津也浙江北合詔息湖湖本名阼湖因秦始皇帝巡狩所頓故有詔息之名也浙江又東合臨平湖異苑曰晉武時吳郡臨平岸崩出一石鼓打之無聲以問張華華曰可取蜀中桐材刻作魚形扣之則鳴矣於是如言聲聞數十里劉道民詩曰事有遠而合蜀桐鳴吳石傳言此湖草穢壅塞天下亂是湖開天下平孫皓天璽元

年吳郡上言臨平湖自漢末穢塞今更開通又於湖邊得石函函中有小石青白色長四寸廣二寸餘刻作皇帝字於是改天冊爲天璽元年孫盛以爲元皇中興之符徵五湖之石瑞也錢塘記曰桓玄之難湖水色赤熒熒如丹湖水上通浦陽江下注浙江名曰東江行旅所從以出浙江也又逕會稽山陰縣有苦竹里里有舊城言勾踐封范蠡子之邑也浙江又東與蘭溪合湖南有天柱山湖口有亭號曰蘭亭亦曰蘭上里太守王羲之謝安兄弟數往造焉吳都太守謝勗封蘭亭侯蓋取此亭以爲封號也太守王廙之移亭在水中晉司空何無忌之臨郡也起亭於山椒極高盡眺矣亭宇雖

壞基陛尚存浙江又逕王允常冢北冢在木客村耆彦云勾踐使工人伐榮楯欲以獻吳久不得歸工人憂思作木客吟後人因以名地勾踐都瑯琊欲移允常冢冢中生分風飛沙射人人不得近勾踐謂不欲遂止浙江又東北得長湖口湖廣五里東西百三十里沿湖開水門六十九所下溉田萬頃北瀉長江湖南有覆斗山周五百里北連鼓吹山山西枕長谿谿水下注長湖山之西嶺有賀臺越入吳還而成之故號曰賀臺吳又有秦望山在州城正南爲衆峰之傑陟境便見史記云秦始皇登之以望南海自平地以取山頂七里懸磴孤危峭路險絕記云扳蘿捫葛然後能升山上無高木

當由地迴多風所致山南有嶕峴峴裏有大城越王無餘之舊都也故吳越春秋云勾踐語范蠡曰先君無餘國在南山之陽社稷宗廟在湖之南又有會稽之山古防山也亦謂之爲茅山又曰棟山越絕云棟猶鎮也蓋周禮所謂揚州之鎮矣山形四方上多金玉下多玦石山海經曰夕水出焉南流注于湖吳越春秋稱山覆釜之中有金簡玉字之書黃帝之遺讖也山下有禹廟廟有聖姑像禮樂緯云禹治水畢天賜神女聖姑卽其像也山上有禹冢昔大禹卽位十年東巡狩崩于會稽因而葬之有鳥來爲之耘春拔草根秋啄其穢是以縣官禁民不得妄害此鳥犯則刑無赦山東有硎去廟七里深不見底謂之禹井云東游者多探其穴也秦始皇登稽山刻石紀功尚存山側孫暢之述征書云丞相李斯所篆也又有石山石形似上有金簡玉字之書言夏禹發之得百川理也又有射的山遠望山的狀若射侯故謂射的射的之西有石室名之爲射堂年登否常占射的以爲貴賤之准的明則米賤的闇則米貴故諺云射的白斛米百射的玄斛米千北則石帆山山東北有孤石高二十餘丈廣八丈望之如帆因以爲名北臨大湖水深不測傳與海通何次道作郡常於此水中得烏賊魚南對精廬上蔭脩水下瞰寒泉西連稽山皆一山也東帶若耶溪吳越春秋所謂歐冶鑄以

成五劍溪水上承嶕峴麻溪溪之下孤潭周數畝甚清深有孤石臨潭垂崖俯視猨狖驚心寒木被潭森沉駭觀上有一櫟樹謝靈運與從弟惠連常游之作連句題刻樹側麻潭下注若邪溪水至清照衆山倒影窺之如畫漢世劉寵作郡有政績將解任去治此溪父老人持百錢出送寵各受一文然山栖遁逸之士谷隱不羇之民有道則見物以感遠爲貴荷泉致意故受者以一錢爲榮豈藉賞也義重故耳溪水下注大湖邪溪之東又有寒溪之北有鄭公泉泉方數丈冬温夏凉漢太尉鄭弘宿居潭側因以名泉弘少以苦節自居恒躬采伐用貿粮膳每出入谿津常感神風送之雖憑舟自

運無杖檝之勞村人貪藉風勢常依隨往還有淹留者徒輩相謂汝不欲及鄭風邪其感致如此湖水自東亦注江通海水側有白鹿山山北湖塘上舊有亭吳黃門郎楊哀明居於弘訓里太守張景數往造焉使開瀆作埭之西作亭亭埭皆以楊爲名孫恩作賊從海來楊亭被燒後復修立厥名猶在東有銅牛山山有銅穴三十許丈穴中有大樹神廟山上有冶官山北湖下有練塘里吳越春秋云勾踐鍊冶銅錫之處採炭於南山故其間有炭瀆勾踐臣吳王封勾踐於越百里之地東至炭瀆是也縣南九里有侯山山孤立長湖中晉車騎將軍孔敬康少時遁世栖迹此山湖北有三小山謂

之鹿野山在縣南六里按吳越春秋越之麋苑也山有石室言越王所游息處矣縣湖北有陳音山楚之善射者曰陳音越王問以射道又善其說乃使簡士習射北郊之外按吳越春秋音死葬於國西山上今陳音山乃在國南五里湖北有射堂及諸邸舍連衍相屬又於湖中築塘直指南山北郎大越之國秦改爲山陰縣會稽郡治也太史公曰禹會諸侯計於此命曰會稽者會計也始以山名因爲地號夏后少康封少子杼以奉禹祠爲越世歷殷周至于允常列於春秋允常卒勾踐稱王都於會稽乎越春秋所謂越王都埤中在諸暨北界山陰康樂里有地名邑中者是越事吳故北其門

以東爲右西爲左故雙闕在北門外闕北百步有雷門門樓兩層勾踐所造時有越之舊木矣州郡館宇屋之大瓦亦多是越時故物勾踐霸世徙都瑯耶後爲楚伐始還浙東城東郭外有靈汜下水甚深舊傳下有地道通於震澤又有勾踐所立宗廟在城東明里中甘瀩南又有玉笥竹林雲門天柱精舍並踈山創基架林栽宇澗涎流盡泉石之好水流逕通浙江又北逕山陰縣西西門外百餘步有怪山本瑯琊郡之東武縣山也飛來徙此壓殺數百家吳越春秋稱怪山者康武海中山也一名自來山百姓怪之號曰怪山亦云越王無疆爲楚所伐去瑯琊止東武人隨居山下遠望此山其

形似龜故亦有龜山之稱也越起靈臺於山上又作三層樓以望雲物川土明秀亦爲勝地故王逸少云從山陰道上猶如鏡中行也浙江之上又有大吳王小吳王村並是闔閭夫差伐越所舍處也今悉民居然猶存故目昔越王爲吳所敗以五千餘衆栖於稽山卑身待士施必及下呂氏春秋曰越王之栖於會稽也有酒投江民飲其流而戰氣自倍所投即浙江也許慎晉灼並言江水至山陰爲浙江江之西岸有朱室提勾踐百里之封西至朱室爲此也浙江又東北逕重山西大夫文種之所葬也山上有白樓亭本山下縣令殷朗移置今處沛國桓嚴避地會稽聞陳業履行高潔往候

不見儼後浮海南入交州臨去遺書與業不因行李繫白樓亭柱而去升陟遠望山湖滿目也永建中陽羨周嘉上書以縣遠赴會至南求得分置遂以浙江西爲吳以東爲會稽漢高帝十一年亦吳也後分爲三世號三吳興吳吳郡會稽其一焉浙江又東逕禦而鄉萬善歷曰吳黃武六年正月獲彭綺是歲由拳西鄉有産而隨便能語云天明河欲清脚折金乃生是因詔爲語兒鄉非也禦兒之名遠也蓋無智之徒因藉地名生情穿鑿耳國語曰勾踐之地北至禦兒是也安得引黃武證地哉常昭曰越北鄙在嘉興浙江又東逕柴辟南舊吳楚之戰地矣備候於此故謂之辟塞是以越絕稱

吳故從由拳辟塞渡會夷湊山陰是也浙江又逕
固陵城北昔范蠡築城於浙江之濵言可以固守
謂之固陵今之西陵也浙江又東逕祖塘謂之祖
瀆昔太守王朗拒孫策數戰不利孫靜果說策曰
朗負門守難可卒拔祖瀆去此數十里是要道也
若從此出攻其無備破之必也策從之破朗於固
陵有西陵湖亦爲之西城湖湖西有湖城山東有
夏架山湖水上承妖皐溪而下注浙江又逕永興
縣南縣在會稽東北一百二十里也闔閭弟夫槩
之故邑也王莽之餘衍也漢末童謠云天子當興
東南三餘之間故孫權改曰元興縣濵浙江又東
合浦陽江江水之導源烏傷縣又東逕諸暨縣與

洩溪合溪廣數丈中道有兩高山夾溪造雲壁立
凡有三洩洩縣三十餘丈廣十丈中二洩不可得
志登山遠望乃得見之下洩縣百餘丈水勢高急
聲震水外上洩懸二百餘丈望若雲垂此是瀑布
土人號爲洩也江水又東逕諸暨縣南縣臨對江
流江南有射堂縣北帶烏山故越地也夫槩王之
故邑先名上諸暨亦曰勾無矣故國語曰勾踐之
地南至勾無王莽之疏虜也夾水多浦浦中有大
湖春夏多水秋冬涸淺江水又東南逕剡縣與白
石山水會山上布瀑布懸水三十丈下注浦陽江
浦陽江水又東流南屈又東迴北轉逕剡縣東王
莽之盡忠也縣開東門向江江廣二百餘步自昔

耆舊傳縣不得開南門開南門則有賊盜江水翼
縣轉注故有東渡西渡焉東南二渡通臨海並汎
單船爲浮航西渡通東陽併二十五船爲橋航江
邊有查浦浦東行二百餘里與句章接界浦裏有
六里有五百家並夾浦居列門向水甚有良田有
青溪餘洪溪大發溪小發溪江上有溪六溪列溉
散入江夾溪上下崩崖若傾東有簞山南有黃山
與白石三山爲縣之秀峰山下衆流前導湍石激
波浮嶮四注浦陽江又東逕石橋廣八丈高四丈
下有石井口徑七尺橋上有方石長七石廣一丈
二尺橋頭有盤石可容二十人坐溪水兩傍悉高
山山有石壁二十許丈溪中相攻贔響外發未至

橋數里便聞其聲江水北逕嵊山山下有亭亭帶
山臨江松嶺森蔚沙濃平淨浦陽江又東北逕始
寧縣嶀山之成工嶠嶠壁立臨江欹路峻狹不得
併行行者牽木稍進不敢俯視嶠西有山孤峯特
上飛禽罕至嘗有採藥者沿山見通溪尋上於山
頂樹下有十二方石地甚方潔還復更尋遂迷前
路言諸仙之所醮譙故以壇譙名山嶠北有嶀浦
浦口有廟廟甚虞驗行人及樵伐者皆先敬焉若
相尋竊必爲虵虎所傷北則嶀山與嵊山接二山
雖曰異縣而峰嶺相連其間傾澗懷烟泉溪引霧
吹畦風馨觸岫延賞是以王元琳謂之神明境事
備謝康樂山居記浦陽江自嶀山東北逕太康湖

車騎將軍謝玄田居所在右濵長江左傍連山平陵修通澄湖遠鏡於江曲起樓樓側悉是桐梓森聳可愛民居號爲桐亭樓樓兩面臨江盡升眺之趣蘆人漁子汎濫滿焉湖中築路東出趣山路甚平直山中有三精舍高甍凌虚垂簷帶空俯眺平烟杳在下水陸寧晏足爲避地之鄉矣江有琵琶圻圻有古冢墮水甓有隱起字云筮吉龜凶八百年落江中謝靈運取甓詣京咸傳觀焉乃如龜繇故知冢已八百年矣浦陽江又東北逕始寧縣西本上虞之南鄉也漢順帝永建四年陽羨周嘉上書始分之舊治水西常有波湖之患晉中興之初治今處縣下有小江源出[山兆]山謂之[山兆]浦逕縣下

西流注于浦陽蒜山下注此浦浦西通山陰浦而達於江江廣二百狹處二百步高山帶江重蔭被水江關漁商川交樵隱故桂棹蘭栧望景爭途江南有故城太尉劉牢之討孫恩所築也江水東逕上虞縣南王莽之會稽也本司鹽都尉治地也地名虞賓晉太康地記曰舜避丹朱於此故以名縣百官從之故縣北有百官橋亦云禹與諸侯會事訖因相虞樂故曰上虞二說不同未詳孰是縣南有蘭風山山少木多石驛路帶山傍江路邊皆作欄干山有三嶺枕帶長江苕苕孤危望之若傾緣山之路下臨大川皆作飛閣欄干乘之而渡謂此三嶺爲三石頭丹陽葛洪遁世居之基井存焉琅

琊王方平性好山水又爰宅蘭風垂釣於此以詠終朝行者過之不識問曰賣魚師得魚賣否方平答曰釣亦不得得復不賣亦謂是水爲上虞江縣之東郭外有漁浦湖中有大獨小獨二山又有覆舟山覆舟山下有漁浦王廟廟今移入裏山北三山孤立水中湖外有青山黃山澤蘭山重岫疊嶺參差入雲澤蘭山頭有深潭山影臨水水色青綠山中有諸塢有石楗所右臨白馬潭潭之深無底傳云創湖之始邊塘屢崩百姓以白馬祭之因以名水湖之南即江津也江南有上塘陽中三里隔在湖南常有水患太守孔靈符遏蜂山前湖以爲埭埭下開瀆直指南津又作水楗二所以舍此江

得無淹潰之害縣東有龍頭山山崖之間有石井冬夏常洌清泉南帶長江東連上陂江之道南有曹娥碑娥父旴迎濤溺死娥時年十四哀父尸不測乃號踴江介因解衣投水呪曰若值父尸衣當沉若不值衣當浮裁落便沉娥遂於沉處赴水而死縣令度尚使外甥邯鄲子禮爲碑文以彰孝烈江濱有馬目山洪濤一上波隱是山勢淪嘆亭間歷數縣行者難之縣東北上亦有孝子楊威母墓威少失父事母至孝常與母入山採薪爲虎所逼自計不能禦於是抱母且號且行虎見其情遂弭耳而去自非誠貫精微孰能理感於英獸矣又有吳瀆破山導源注於胥江上虞江東逕周市而注

永興地理志曰縣有仇亭柯水東入海仇亭在縣之東北一十里江北柯水疑即江也又東北逕永興東與浙江合謂之浦陽江地理志又云縣有蕭山潘水所出東入海又疑是浦陽江之別名也自外無水以應之浙江又東注于海故山海經曰浙江在其東在閩西北入海韋昭以松江浙江浦陽江爲三江

斤江水出交阯龍編縣東北至鬱林領方縣東注二

鬱地理志云逕臨塵縣至領方縣注于鬱

容容夜緬湛乘牛渚須無無濡營進皇無地零侵黎

侵離水出廣州晉興郡郡以太康中分鬱林置得

至臨塵入鬱

無會重瀨夫省無變由蒲王都融勇外此皆出日南郁西東東入于海容容水在南巠名之以次轉北也

右三十水從江已南至日南郡也

嵩高爲中嶽在潁川陽城縣西北春秋說題辭曰陰含陽故石凝爲山國語曰禹封九山山土之聚也爾雅曰山大而高曰崧合而言之爲崧高分而名之爲二室西南爲少室東北爲太室嵩高山記曰山下巖中有一石室云有自然經書自然飲食又云山有玉女臺言漢武帝見因以名臺

泰山爲東嶽在泰山博縣西北

岱宗也王者封禪於其山示增高也有金策玉檢之事焉

霍山爲南嶽在廬江灊縣西南

天柱山也爾雅云大山宫小山霍開山圖曰其山

上侵神氣下固窮泉

華山爲西嶽在弘農華陰縣西南

古文之敦物山也

雷首山在河東蒲坂縣東南

砥柱在河東大陽縣東河中

王屋山在河東垣曲縣東北也

昔黃帝受丹訣於是山也

太行山在河内野王縣西北

王烈得石髓處也

恒山爲北嶽在中山上曲陽縣西北碣石山在遼西

臨渝縣南水中也

大禹鑿其石右夾而納河秦始皇漢武帝皆嘗登

之海水西侵歲月逾甚而苞其山故言水中矣

析城山在河東濩澤縣西南

太嶽山在河東永安縣

壺中山在河東北屈縣東

南龍門山在河東皮氏縣西

梁山在馮翊夏陽縣西北河上

荆山在馮翊懷德縣南

岐山在扶風美陽縣西北

開山在扶風汧縣之西也

隴山終南山敦物山在扶風武功縣西南也

須山在隴西臨洮縣西南
禹貢中條山也
嶓冢山在隴西西氐道縣之南
南條山也
鳥鼠同穴山在隴西首陽縣西南
鄭玄曰鳥鼠之山有鳥焉與鼠飛行而處之又有止而同穴之山焉是二山也鳥名爲鵌似鵽而黃黑色鼠如家鼠而短尾穿地而共處鼠內而鳥外孔安國曰共爲雌雄杜彥達曰同穴止宿養子互相哺食長大乃止張晏言不爲相牝牡故因以名山
積石在隴西河關縣西南

山海經云山在鄧林東河所入也
都野澤在武威縣東北
縣在姑臧城北三百里東北卽休屠澤也古文以爲猪野也其水上承姑臧武始澤澤水二源東北流爲一水姑臧縣故城西東北流水側有靈源池王隱晉書曰漢末博士燉煌侯瑾善內學語弟子曰涼州城西泉水當竭有雙闕其上至魏嘉平中武威太守條茂起學舍築闕於此泉太守塡水造起門樓與學闕相望泉源徙發重導於斯故有靈淵之名也澤水又東北流逕馬城東城卽休屠縣之故城也本匈奴休屠王都謂之馬城河又東北與橫水合水出姑臧城下武威郡涼州治地理風

俗記曰漢武帝元朔三年改雍曰凉州以其金行土地寒凉故也遷于冀晉徙治此王隱晉書曰凉州有龍形故曰臥龍城南北七里東西三里本匈奴所築也及張氏之世居也又增築四城箱各千步東城殖園果命曰講武場北城殖園果命曰玄武圃皆有宫殿中城内作四時宫隨節游幸并舊城爲五街衢相通二十二門大繕宫殿觀閣綵綺莊飾擬中夏也其水側城北流注馬城河河水又東北清澗水入焉俗亦謂之爲五澗水也水出姑臧城東而西北流注馬城河河水又與長泉水合水出姑臧東揟次縣王莽之播德也西北歷黄沙阜而西北流注馬城河又東北逕宣威縣故城南

又東北逕平澤晏然二亭東又東北逕武威縣故城東漢武帝太初四年匈奴昆邪王殺休屠王以其衆置武威縣武威郡王莽更名張掖地理志曰谷水出姑臧南山北至武威入海届此水流兩分一水北入休屠澤俗謂之爲西海一水又東逕一百五十里入豬野世謂之東海通謂之都野矣

合離山在酒泉會水縣東北

合黎山也

流沙地在張掖居延縣東北

居延澤在其縣故城東尚書所謂流沙者也形如月生五日也弱水入流沙流沙與水流行也亦言出鍾山西行極崦嵫之山在西海郡北山有石赤

白色以兩石相打則水潤打之不已潤盡則火出
山石皆然炎起數丈逕日不滅有大黑風自流沙
出奄之乃滅其石如初言動火之事發疾經年故
不敢輕近耳流沙又逕浮渚歷壑市之國又逕于
鳥山之東朝雲國西歷崑山西南出于過瀛之山
大荒西經曰西南海之外流沙出焉逕夏后開之
東門上賓于天得九辯與九歌焉又歷貟丘不死

三危山在燉煌縣南

山海經曰三危之山三青鳥居之是山也廣圓百
里在鳥鼠山西卽尚書所謂竄三苗于三危也春
秋傳曰允姓之姦居于瓜州瓜州地名也杜林曰
燉煌古瓜州也州之貢物地出好瓜民因氏之瓜
州之戎并於月氏者也漢武帝後元分酒泉置南

七里有鳴沙山故亦曰沙州也

朱圉山在天水北冀縣南

卽冀縣山有石鼓開山圖謂之天鼓山九州害起
則鳴有常應又云石鼓山有石鼓於星爲河鼓星
動則石鼓鳴石鼓鳴則秦土有殃鳴淺殃萬物鳴
深則殃君王矣

岷山在蜀郡湔氐道西

漢書以爲瀆山者也

嶓冢山在弘農盧氏縣南

是山也穀水出其北林也

荊山在南郡臨沮縣東北

東條山也卞和得玉璞於是山楚王不理懷璧哭
於其下後玉人理之所謂和氏之玉焉
内方山在江夏竟陵縣東北
禹貢立章山也
大別山廬江安豐縣西南外方山嵩高是也
桐栢山在南陽平氏縣東南
陪尾山在江夏安陸縣東北
衡山在長沙湘南縣南
禹治洪水血馬祭衡山於是得金簡玉字之書按
省玉字得通水理也
九江地在長沙下雋縣西北雲夢澤在南郡華容縣
之東東陵地在廬江金蘭縣西北敷淺原地在豫章

歷陵縣西南彭蠡澤在豫章彭澤縣北
尚書所謂彭蠡既瀦陽鳥攸居也
中江在丹陽蕪湖縣南東至會稽陽羨縣入于海震
澤在吳縣南五十里北江在毗陵北界東入于江
嶧陽山在下邳縣之西
羽山在東海祝其縣南也
縣卽王莽之猶亭也尚書殛鯀於羽山謂是山也
山西有禹淵禹父之所化其神爲黃能以入淵矣
故山海經曰洪水滔天鯀竊帝之息壤以堙水不
待帝命帝令祝融殺鯀羽郊者也
陶丘在濟陰定陶縣之西南
陶丘丘再成也

荷澤在定陶縣東雷澤在濟陰成陽縣西北荷水在山陽湖陸縣南蒙山在太山蒙陰縣西南大野澤在山陽鉅野縣東北大邳地在河南城臯縣北爾雅曰山一成謂之邳然則其邳山名非地之名也

明都澤在梁郡睢陽縣東北益州沲水在蜀郡汶江縣西南其一在郫縣西南皆還入江荆州沲水在南郡枝江縣三澨地之南在邛縣之北

尚書曰導漢水過三澨地説曰沔水東行過三澨合流觸大别山陂故馬融鄭玄王肅孔安國等咸以爲三澨水名也許慎言澨者埤增水邊土人所止也按春秋左傳曰文公十有六年楚軍次于勾澨以伐諸庸宣公四年楚令尹子越師于漳澨定公四年左司馬戌敗吴師于雍澨昭公二十三年司馬薳越縊於蓬澨服虔或謂之邑又謂之地京相璠曰杜預亦云水際及邊地名也今南陽淯陽二縣之間淯水之濱有南澨北澨矣而諸儒之論水陸相半又無山源出處之所津途關路唯鄭玄及劉澄之言在竟陵縣界經云邛縣北池然池流多矣而論者疑焉而不能辯其所在

右禹貢山水澤地所在凡六十

水經卷第四十

出版後記

《水經注》四十卷，北魏酈道元撰。酈道元（？—五二七），字善長，范陽人，事迹存於《魏書》、《北史》本傳。

《水經注》成書於公元六世紀初，由於當時尚未發明印刷術，所以祇能以鈔本形式流傳。北齊北周時期，其版本與流傳情況未見文獻記載。隋唐兩代流傳的《水經注》，《隋書》、《舊唐書》的《經籍志》以及《新唐書·藝文志》均著録爲四十卷。隋唐時期雖然出現了雕版印刷術，但始終未用於《水經注》的刊刻。《水經注》成書之後，時局動蕩，戰火頻仍，北魏首都洛陽再次遭受兵燹重創，此書自北魏至唐能以四十卷足本鈔本的形式流傳，實屬難得。

唐末五代戰亂，典章文物再次經歷了灾厄。宋初以後，《水經注》一書殘佚。至北宋中期，始有刻本。據錢曾《讀書敏求記》『酈道元水經』條記其所見陸孟鳧宋刻本宋版題跋，北宋時只有三十卷本的《水經注》，在宋哲宗元祐

二年（一〇八七）經成都府學官編刊爲四十卷。宋仁宗景祐年間（一〇三四—一〇三八）修《崇文總目》時，著録爲三十五卷。今本仍作四十卷，酈學家認爲是後人對殘餘卷帙重新分割拼凑而成，實爲的見。因此，自宋代，《水經注》鈔本與刊本并行流傳，同時開始出現殘缺，版本複雜多樣。

由於輾轉傳抄，《水經注》出現了經注混淆、魯魚亥豕等錯漏。自明代，學者們開始對其進行校勘、補正、注疏。明初創修《永樂大典》，《水經注》列入其中。當時，卷帙完整之要籍爲朝廷收藏，因此，内庫所藏無疑乃佳本，但外人難得一見。明刻本中刊刻時間最早的嘉靖十三年（一五三四）黄省曾刊本是歷史上留存至今的第一種完整的酈注刊本，曾經搜集了衆多版本《水經注》的胡適評其：『黄本爲明清許多刻本之祖，其功不可没。』黄氏本雖在脱文、訛字等方面較大典本爲多，但其内容完整，具有很高的學術價值。後來的明刻諸本很多都是以此本作底本翻刻，而被顧炎武譽爲『三百年來一部書』的朱鬱儀《水經注箋》也是在此本基礎上校勘而成。可以説，嘉靖、萬曆以後《水經注》研究的風氣日盛，和黄省曾的研究及其刊本的流行密不可分。

中國書店本次影印的《水經注》以所藏嘉靖十三年黄省曾刊本爲底本，此底本曾入選《第三批國家珍貴古籍名録》。本書半頁十二行，行二十字，雙

行小字同，白口，左右雙邊，單魚尾。

《水經注》堪稱六朝地志之翹楚，是一部學術價值很高的地理學著作，爲自然地理學、人文地理學的諸多分支的研究都提供了相當豐富的資料，在中國乃至世界地理學史上都占據舉足輕重的地位。基於《水經注》一書如此重要的價值和地位，中國書店影印出版嘉靖黄省曾刊本《水經注》，以饗專業研究者及廣大《水經注》愛好者。

中國書店出版社

辛卯年秋月